U0530471

共同富裕

专家深度解读

张占斌 主编

人民东方出版传媒
People's Oriental Publishing & Media
东方出版社
The Oriental Press

前　言

党的十八大以来，习近平总书记从新时代坚持和发展中国特色社会主义的全局和战略高度，就扎实推动共同富裕发表一系列重要讲话，作出一系列重要部署。在2021年8月17日召开的中央财经委员会第十次会议上，习近平总书记就扎实促进共同富裕问题发表了重要讲话。习近平总书记讲话的部分内容，以《扎实推动共同富裕》为题发表于2021年第20期《求是》杂志，为实现全体人民共同富裕提供了科学指引。

习近平总书记强调，"共同富裕是社会主义的本质要求"。应当说，我们对于共同富裕是社会主义的本质要求、本质特征这个问题是有认识的。因为新中国成立以来，毛泽东、邓小平等领导人就对这些问题有过探索，也有过论述。特别是改革开放以来，邓小平多次强调共同富裕，指出："社会主义不是少数人富起来、大多数人穷，不是那个样子。社会主义最大的优越性就是共同富裕，这是体现社会主义本质的一个东西。""没有贫穷的社会主义。社会主义的特点不是穷，而是富，但这种富是人民共同富裕。""走社会主义道路，就是要逐步实现共同富裕。"

那么，对于习近平总书记强调的共同富裕"是中国式现代化的重要特征"，我们如何加深理解认识呢？深刻认识共同富裕是中国式现代化的重要特征，有助于在发展进程中揭示中国式现代化的"历史规定"，更好理解中国式现代化新在何处，认清中国式现代化新道路与西方现代化道路的重大区别，对于凝聚全党全国各族人民扎实推动共同富裕、全面建设社会主义现代化国家具有重要意义。

追求共同富裕贯穿中国式现代化新道路形成和拓展的历史过程。中国式现代化新道路源于中国共产党的伟大创造，是党团结带领人民探索开创的，党的领导是中国式现代化新道路独特的政治优势。"中国共产党一经诞生，就把为中国人民谋幸福、为中华民族谋复兴确立为自己的初心使命。"在追求现代化的历史过程中实现共同富裕，体现着中国共产党人始终不变的初心使命。我们党团结带领人民在探索现代化道路过程中，向着共同富裕目标不断迈进。新中国成立初期，毛泽东指出："现在我们实行这么一种制度，这么一种计划，是可以一年一年走向更富更强的，一年一年可以看到更富更强些。而这个富，是共同的富，这个强，是共同的强，大家都有份。"改革开放后，邓小平指出："社会主义的本质，是解放生产力，发展生产力，消灭剥削，消除两极分化，最终达到共同富裕。""一个公有制占主体，一个共同富裕，这是我们所必须坚持的社会主义的根本原则。"中国特色社会主义进入新时代，习近平总书记强调："我们追求的发展是造福人民的发展，我们追求的富裕是全体人民共同富裕。""我们必须把促进全体人民共同富裕摆在更加重要的位置。""推动人的全面发展、全体人民共同富裕取得更为明显的实质性进展！"一代又一代中国共产党人接续践行初心使命，追求共同富裕贯穿中国式现代化新道路形成和拓展的历史过程。

追求共同富裕体现在中国式现代化不断丰富发展的奋斗目标中。在开辟和拓展中国式现代化新道路过程中，中国共产党人持续探寻实现共同富裕的实践路径，在小康社会与现代化建设中不断为实现共同富裕而奋斗。改革开放和社会主义现代化建设新时期，我们党团结带领人民既不走封闭僵化的老路，也不走改旗易帜的邪路，而是坚定不移走中国特色社会主义道路。我们党从中国所处社会主义初级阶段的基本国情出发，将全面建成小康社会作为第一个百年奋斗目标，坚持在发展中不断保障和改善民生。如今，经过全党全国各族人民持续奋斗，我们实现了第一个百年奋斗目标，在中华大地上全面建成了小康社会，历史性地解决了绝对贫困问题。这意味着我们在共同富裕道路上迈出了坚实一步。党的十九大报告提出，到2035年，"全体人民共同富裕迈出坚实步伐"，到本世纪中叶，"全体人民共同富裕基本实现，我国人民将享有更加幸福安康的生活"。党的十九届五中全会提出了更为具体的要求，到2035年，"人均国内生产总值达到中等发达国家水平，中等收入群体显著扩大，基本公共服务实现均等化，城乡区域发展差距和居民生活水平差距显著缩小"，"人民生活更加美好，人的全面发展、全体人民共同富裕取得更为明显的实质性进展"。这些重要决策部署，指明了实现共同富裕的前进方向，描绘了实现共同富裕的宏伟蓝图。

追求共同富裕明确了走中国式现代化新道路的必然要求。中国式现代化新道路是马克思主义基本原理同中国具体实际相结合的伟大创造。马克思主义科学地揭示了人类历史发展规律、社会主义发展规律，为我们认识世界、改造世界提供了科学的世界观和方法论。具体而言，马克思主义揭示了资本主义社会发展的历史趋势，明确提出"无产阶级的运动是绝大多数人的、为绝大多数人谋利益的独立的运动"。马克思、恩格斯设想，在未来社会中，"生产将以所有的人富裕为目的"，"所有人共同享受大家创造出来的福利"。习近平总书记指出，要坚持把增进人民福祉、促进人的全面发展、朝着共同富裕方向稳步前进作为经济发展的出发点和落脚点。党的十九大提出，我国社会主要矛盾已经转化为人民日益增长的美好生活需要和不平衡不充分的发展之间的矛盾。着力解决新时代社会主要矛盾，就要不断创造美好生活、逐步实现全体人民共同富裕。我们党将促进全体人民共同富裕作为为人民谋幸福的着力点，致力于更好满足人民日益增长的美好生活需要。正因为如此，中国式现代化新道路得到广大人民的真心拥护。

追求共同富裕彰显了中国式现代化新道路的深厚文化底蕴。习近平总书记指出，优秀传统文化是一个国家、一个民族传承和发展的根本，如果丢掉了，就割断了精神命脉。中国式现代化新道路，传承弘扬了中华优秀传统文化的价值理念和理想追求，具有深厚的历史文化底蕴。中华优秀传统文化中包含丰富的关于小康、和谐、大同社会的思想。《诗经》里就有关于"小康"的记载；《礼记·礼运》描述的"大道之行也，天下为公"，反映了关于大同社会的理想；管仲所言"仓廪实而知礼节，衣食足而知荣辱"，孔子讲过"不患寡而患不均，不患贫而患不安"，说明了物质基础与文明进步的关系；出自《左传》的"民生在勤，勤则不匮"，说明了勤劳奋斗的重要性；孙中山提出"民生为社会进化的重心"，表达了改善民生的要求。然而，由于缺乏制度基础和物质条件，这些思想理念只能停留在对美好社会的憧憬之中。

只有中国特色社会主义道路的开创、中国式现代化新道路的开辟,才能为实现共同富裕奠定坚实的生产力条件和社会发展基础,使共同富裕能够在中华大地上一步步成为现实。

中国式现代化新道路的历史逻辑、实践逻辑、理论逻辑和文化逻辑,决定了共同富裕必然是其重要特征。是否坚持共同富裕,成为区分中国式现代化新道路与西方现代化道路的一个重要标志。因此,必须深入学习领会习近平总书记《扎实推动共同富裕》文章重要精神,全面准确把握习近平总书记关于共同富裕的重要论述,进一步把思想和行动统一到以习近平同志为核心的党中央重大决策部署上来,在新阶段新征程上继续朝着共同富裕的目标稳步前进!

张占斌

2021年10月18日

目 录

共同富裕
总论篇

谢伏瞻	如何理解促进共同富裕的重大意义	003
袁家军	扎实推动高质量发展建设共同富裕示范区	008
顾海良	深刻理解共同富裕是社会主义的本质要求	018
龚维斌	扎实推动全体人民共同富裕	022
逄锦聚	中国共产党带领人民为共同富裕百年奋斗的理论与实践	029
张占斌	推动全体人民共同富裕取得更为明显的实质性进展	046
黄群慧	共同富裕是中国式现代化的重要特征	054
魏后凯	从全面小康迈向共同富裕的战略选择	061

共同富裕
内涵篇

刘尚希	促进共同富裕应全面融入人的现代化过程之中	079
郁建兴 任　杰	共同富裕的理论内涵与政策议程	085
吴忠民	论"共同富裕社会"的主要依据及内涵	114
赖德胜	在高质量发展中实现共同富裕的若干思考	136
刘培林 钱　滔 黄先海 董雪兵	共同富裕的内涵、实现路径与测度方法	148
郑永年	共同富裕与新发展阶段新使命	176
鄢一龙	共同富裕的社会主义政治经济学	186
李义平	共同富裕的政治经济学分析	196

共同富裕

举措篇

马建堂	在高质量发展中促进共同富裕	203
宋晓梧	如何构建初次分配、再分配、三次分配协调配套的基础性制度安排	208
蔡　昉	实现共同富裕必须努力扩大中等收入群体	212
迟福林	在形成合理分配的格局中实现共同富裕	218
李　实	进一步完善收入分配制度，实现共同富裕	224
张连起	准确把握"渐进共富"的实现路径	231
刘元春	在高质量发展中扎实推进共同富裕示范区建设	235
曾　铮	市场有效　政府有为　扎实推进共同富裕	241
贾　康	三次分配：以慈善公益之手助力共同富裕	247
胡乐明	构建和谐劳动关系　扎实推动共同富裕	251

总 论 篇

谢伏瞻　袁家军　顾海良　佟维斌　逄锦聚　张占斌　黄群慧　魏后凯

谢伏瞻 中国社会科学院院长、党组书记

如何理解促进共同富裕的重大意义

习近平总书记指出，共同富裕是社会主义的本质要求，是中国式现代化的重要特征。我们要充分认识促进共同富裕的重大意义，推动共同富裕持续取得新进展，为全面建设社会主义现代化国家奠定坚实基础。

共同富裕是我们党矢志不渝的奋斗目标

让人民过上好日子、实现共同富裕，是中国共产党矢志不渝的奋斗目标。新中国成立以来特别是改革开放以来，我们党团结带领人民朝着实现共同富裕的目标不懈努力。改革开放后，我们党深刻总结正反两方面历史经验，认识到贫穷不是社会主义，允许一部分人、一部分地区先富起来，并确立"小康"目标接续推进，人民生活质量和社会共享水平显著提升。党的十八大以来，以习近平同志为核心的党中

央，把逐步实现全体人民共同富裕摆在更加重要位置，对共同富裕道路作了新的探索，对共同富裕理论作了新的阐释，对共同富裕目标作了新的部署，坚持以人民为中心的发展思想，采取有力措施保障和改善民生，打赢脱贫攻坚战，全面建成小康社会，朝着全体人民共同富裕的目标迈进了一大步。

在此基础上，党中央根据我国社会主要矛盾的新变化，针对人民对美好生活的新向往，提出促进全体人民共同富裕的目标要求和战略部署："十四五"时期，全体人民共同富裕迈出坚实步伐；到2035年，全体人民共同富裕取得更为明显的实质性进展；到本世纪中叶，全体人民共同富裕基本实现。党中央的重大战略部署，完整勾画了促进全体人民共同富裕的时间表、路线图，既体现了历史发展的延续性，又顺应了新时代发展的要求和方向，符合全体人民的共同利益和根本利益，反映了社会主义的本质特征，彰显了党的初心使命，必将凝聚起全党全国各族人民的智慧和力量，为建成富强民主文明和谐美丽的社会主义现代化强国、创造更加幸福美好的生活而不懈奋斗。

促进共同富裕丰富了人类现代化的内涵

我们党在带领人民创造美好生活、逐步实现全体人民共同富裕的实践中，不断深化对促进共同富裕规律的认识，共同富裕思想不断发展，内涵也越来越丰富。把共同富裕作为中国式现代化的重要特征和重要目标，表明我们党对共同富裕的认识达到了新的理论高度，深刻反映了我们党对社会主义现代化建设规律的深邃认识和准确把握，开拓了马克思主义中国化新境界，是中国共产党人对科学社会主义的重大贡献。

纵观500多年社会主义发展史，还没有哪个社会主义国家成功实现共同富裕。作为世界上最大的社会主义国家，全面建成小康社会彰显了社会主义的强大生机活力，宣告了"历史终结论"的破产；逐步实现全体人民共同富裕，将进一步增强人们对社会主义的信心，也将为其他社会主义国家的发展提供借鉴和示范，对社会主义制度在全世界的创新发展作出重大贡献。

富裕是各国现代化追求的目标。一些发达国家搞了几百年工业化和现代化，把人民生活总体上提高到相当高的水平，但由于社会制度原因，到现在不仅没有解决共同富裕问题，贫富差距问题反而越来越严重。我国有14亿多人口，如此庞大的人口体量整体迈入现代化进而逐步实现共同富裕，在世界发展史上是前所未有的，将彻底改写人类社会高收入国家的版图，在整体上极大提升人类福祉，为维护世界和平与安全作出积极贡献。我国实现共同富裕，也将为其他发展中国家推动共同富裕、实现现代化提供全新选择。促进全体人民共同富裕，体现了以人民为中心的发展思想，将促进共同富裕与实现人的全面发展高度统一起来，不断筑牢实现人的全面发展的基础，为人类社会实现人的自由而全面发展作出中国贡献、提供中国启示。

准确把握促进共同富裕具有特殊重要意义

我国仍是世界上最大的发展中国家，仍处于并将长期处于社会主义初级阶段。促进共同富裕，必须立足于社会主义初级阶段这一最大国情，牢牢把握正确方向，把党中央决策部署贯彻落实好。

坚持在贯彻新发展理念、构建新发展格局、实现高质量发展的基础上，推动共同富裕取得更为明显的实质性进展。我国人均国内生产总值已经越过 1 万美元大关，但仍远低于中等发达国家水平，发展仍然是解决中国一切问题的基础和关键。没有高质量发展，实现共同富裕就无从谈起。共同富裕也是高质量发展的题中应有之义。只有让人民群众共享发展成果，才能更广泛地激发全社会推动发展的动力和活力，才能更有效地提高人民群众的获得感、幸福感、安全感，才能更持久地保持社会和谐稳定，为发展创造良好环境。

坚持尽力而为与量力而行。要在人民群众最关心最直接最现实的利益问题上，拿出更大的力度、更实的举措，一个时间节点一个时间节点往前推进，一步步实现党中央提出的目标要求和战略部署。同时，也要深刻吸取一些国家超出发展水平搞过度福利化、导致公平效率不能兼顾、影响经济发展和公平分配的深刻教训。要始终坚持在经济发展和财力状况具备的条件下，逐步提高人民生活水平，把那些有能力和条件办的、关系群众切身利益的事情扎扎实实地办好，循序渐进、脚踏实地、久久为功，不吊高胃口、不搞"过头事"。

坚持物质富裕与精神富裕一体推进。人民对美好生活的向往，涵盖了经济、政治、文化、社会、生态环境等各方面。共同富裕是全体人民的富裕，是人民群众物质生活和精神生活都富裕。要在缩小城乡、区域、居民收入差距、提高城乡居民收入的同时，不断满足人民群众多样化、多层次、多方面的精神文化需求，树立文化自觉，增强文化自信。

坚持及早着手，有序推进。共同富裕是一个长期目标，需要一个过程，不可能一蹴而就，对其长期性、艰巨性、复杂性要有充分估计。办好这件事，等不得，也急不得。要把总目标分解为阶段性目标，把每个阶段的任务分解成一项项具体任务,根据现有条件把能做的事情尽快做起来,积小胜为大胜。促进共同富裕,不可能毕其功于一役,既要打攻坚战,更要打持久战。

袁家军 中共浙江省委书记、浙江省人大常委会主任

扎实推动高质量发展
建设共同富裕示范区

以习近平同志为核心的党中央团结带领全国人民，创造了打赢脱贫攻坚战、全面建成小康社会的历史奇迹，开启了扎实推动共同富裕的历史阶段。高质量发展建设共同富裕示范区是习近平总书记亲自谋划、亲自定题、亲自部署、亲自推动的重大战略决策，是党中央、国务院赋予浙江的光荣使命，我们将坚定沿着习近平总书记指引的路子奋勇前进，坚决扛起责任、坚决完成任务，以浙江先行探索为全国推动共同富裕探路。

一、学深悟透习近平总书记关于共同富裕的重要论述精神

党的十八大特别是十九届五中全会以来，习近平总书记就扎实推动共同富裕作出一系列重要论述、重大部署，开创性地回答了什么是共同富裕、为什么要共同富裕、怎样扎实推动共同富裕等一系列重大

理论和实践问题，为新的赶考之路上扎实推动共同富裕提供了根本遵循和行动指南。特别是习近平总书记在中央财经委员会第十次会议上的重要讲话，系统阐述了共同富裕问题，标志着共同富裕理论的新发展新境界。我们要深刻学习领会、准确把握习近平总书记重要讲话的精神实质和实践要求。

深刻理解"现在，已经到了扎实推动共同富裕的历史阶段"的重大论断。习近平总书记强调，我们正在向第二个百年奋斗目标迈进，适应我国社会主要矛盾的变化，更好满足人民日益增长的美好生活需要，必须把促进全体人民共同富裕作为为人民谋幸福的着力点，不断夯实党长期执政基础。实现共同富裕不仅是经济问题，而且是关系党的执政基础的重大政治问题。我国已经到了扎实推动共同富裕历史阶段的重大论断，是统筹考虑"两个一百年"奋斗目标接续转换、着眼开拓中国式现代化新道路，统筹考虑全球治理和我国未来发展、着眼开拓人类文明新形态，统筹考虑高质量发展和共同富裕、着眼破解新时代社会主要矛盾而作出的，我们必须从战略和全局高度深化认识，增强使命感责任感。

深刻理解"共同富裕是社会主义的本质要求，是中国式现代化的重要特征"的核心内涵。习近平总书记多次强调，共同富裕，是马克思主义的一个基本目标；消除贫困、改善民生、实现共同富裕，是社会主义的本质要求，是我们党的重要使命；我国现代化是全体人民共同富裕的现代化；共同富裕是全体人民共同富裕，是人民群众物质生活和精神生活都富裕，不是少数人的富裕，也不是整齐划一的平均主义。共同富裕是实现人的全面发展和社会全面进步的一场深刻社会变革，是中国特色社会主义制度优越性的集中体现，是对西方现代化和福利社会的一种超越；是普遍富裕基础上的差别富裕，不是同等富裕、同步富裕，更不是均贫富、劫富济贫；是以高质量发展为基石的共同富裕，是在做大"蛋糕"的基础上分好"蛋糕"，是效率与公平、发展与共享的辩证统一；是"五位一体"的全面跃升，涵盖人民对美好生活向往的方方面面；是共建共治共享的共同富裕，必须依靠全体人民共同奋斗。

深刻理解"分阶段促进共同富裕"的总体安排。习近平总书记指出，促进全体人民共同富裕是一项长期任务，也是一项现实任务；共同富裕是一个长远目标，需要一个过程；明确了到"十四五"末、到2035年、到本世纪中叶三个阶段目标安排。共同富裕是在动态中向前发展、从低层次向高层次跃升、从局部到整体拓展的过程。要全面深化细化落实不同阶段目标任务，使共同富裕与经济发展阶段相适应、与现代化建设进程相协调，不断形成阶段性成果。

深刻理解"在高质量发展中促进共同富裕"的基本路径。习近平总书记系统阐述了促进共同富裕要把握的原则、思路和重点任务，强调鼓励勤劳创新致富、坚持基本经济制度、尽力而为量力而行、坚持循序渐进；强调正确处理效率和公平的关系；强调构建初次分配、再分配、三次分配协调配套的基础性制度安排；明确了提高发展的平衡性协调性包容性、着力扩大中等收入群体规模、促进基本公共服务均等化、加强对高收入的规范和调节、促进人民精神生活共同富裕、促进农民农村共同富裕等一系列重点任务，既提出了"过河"的任务，也解决了"桥"与"船"的问题。我们要按照经济社会发展规律循序渐进，谋划实施牵一发而动全身的重大改革、重要举措，脚踏实地、久久为功，加快走出具有普遍意义的共同富裕新路子。

二、探索高质量发展建设共同富裕示范区的目标任务

深入学习贯彻习近平总书记抓好浙江共同富裕示范区建设的重要指示精神，全面落实《中共中央、国务院关于支持浙江高质量发展建设共同富裕示范区的意见》，紧紧围绕"四大战略定位"，按照"每年有新突破、5年有大进展、15年基本建成"目标安排压茬推进，率先在推动共同富裕方面实现理论创新、实践创新、制度创新、文化创新，加快取得突破性进展、打造标志性成果、创造普遍性经验。到2025年，推动高质量发展建设共同富裕示范区取得明显的实质性进展。

率先基本建立推动共同富裕的体制机制和政策框架。以数字化改革撬动共同富裕重大改革全面深化，制约高质量发展高品质生活的体制机制障碍有效破除，形成先富带后富、推动共同富裕的目标体系、工作体系、政策体系、评价体系。

率先基本形成更富活力创新力竞争力的高质量发展模式。人均地区生产总值达到中等发达经济体水平，"新时代活力浙江"基本建成，高水平创新型省份和三大科创高地建设取得重大进展，乡村振兴示范省高质量建成，产业升级与消费升级协调共进、经济结构与社会结构优化互促的良性循环加快构建，国内大循环的战略支点、国内国际双循环的战略枢纽基本建成。

率先基本形成以中等收入群体为主体的橄榄型社会结构。居民人均可支配收入与人均地区生产总值之比持续提高，中等收入群体规模不断扩大、结构持续优化、生活品质不断提升，城乡区域发展差距、城乡居民收入和生活水平差距显著缩小，低收入群体增收能力、生活品质和社会福利水平明显提升。

率先基本实现人的全生命周期公共服务优质共享。基本公共服务实现均等化，更高水平推进幼有所育、学有所教、劳有所得、病有所医、老有所养、住有所居、弱有所扶，基本建成学前教育、公共卫生、养老照料、体育健身等"15分钟公共服务圈"，婴幼儿照护服务体系更加完善，高质量教育体系基本建成，技能人才占从业人员比例大幅提高，"健康浙江"基本建成，社会保障和养老服务体系更加完善，城镇住房保障受益覆盖率稳步提高，新时代社会救助体系全面建立，人人共享的数字社会加快形成。

人文之美更加彰显。"新时代文化浙江"工程深入实施，基本建成以社会主义核心价值观为引领、传承中华优秀传统文化、体现时代精神、具有江南特色的文化强省，国民素质和社会文明程度达到新高度。

生态之美更加彰显。基本建成美丽中国先行示范区，生态环境状况综合指数稳居全国前列，公众生态环境获得感显著增强，实施碳排放达峰行动、推动全面绿色转型取得明显成效，生态产品价值实现机制全面推行，生态文明制度体系率先形成。

和谐之美更加彰显。党建统领的整体智治体系基本建成，法治中国、平安中国示范区建设一体推进，"清廉浙江"建设纵深推进，基本形成活力和秩序有机统一的现代化社会，群众获得感、幸福感、安全感、满意度进一步提升。

展望2035年，高质量发展取得更大成就，居民收入和实际消费水平差距缩小到合理区间，基本实现共同富裕，率先探索建设共同富裕美好社会，努力在浙江大地率先展现效率与公平、发展与共享有机统一的富裕图景，全域一体、全面提升、全民富裕的均衡图景，人民精神生活丰富、人与自然和谐共生、社会团结和睦的文明图景，群众看得见、摸得着、体会得到的幸福图景。

三、探索推动共同富裕的路径举措

坚持国家所需、浙江所能、群众所盼、未来所向，完整、准确、全面贯彻新发展理念，以解决地区差距、城乡差距、收入差距问题为主攻方向，着力抓好一系列创新性突破性的重大举措。

突出科技创新、数字变革，探索经济高质量发展路径。更宽领域更高层次转入创新驱动发展模式，深入实施人才强省创新强省首位战略，加快建设"互联网+"、生命健康、新材料三大科创高地和创新策源地。大力建设全球数字变革高地，深化国家数字经济创新发展试验区建设，建设具有全球影响力的数字产业集群和全球数字贸易中心，推动全民共享数字红利。探索"腾笼换鸟、凤凰涅槃"新路径，拓宽绿水青山就是金山银山转化通道，培育壮大新富民产业，培育更加活跃更有创造力的市场主体，健全平台经济治理体系，形成支撑共同富裕的现代产业体系。统筹推动数字化改革和共同富裕，重塑政府、社会、企业和个人关系，以数字赋能推动政策集成化、精准化，探索构建数字化时代有利于共同富裕的新规则新政策新机制。

突出山区跨越式高质量发展，探索缩小地区发展差距路径。念好新时代"山海经"，以大湾区大花园大通道大都市区建设为统领，以高质量就业为核心，创新实施山海协作升级版，系统性增强内生动力，超常规推动山区共同富裕。明确山区新目标定位，挖掘提升山区特色优势，加快建设诗画浙江大花园最美核心区，加快培育形成新发展格局中的新增长极，推动山区成为全省乃至全国人民的向往之地。开辟山区新发展路径，走出科技创新、数字化和绿色低碳的融合聚变之路，厚植特色放大特色的快速裂变之路，基本形态整体提升的全面蝶变之路。实施山区新发展行动，推进招大引强、牵引型重大项目建设、"两山"转换促进、新型城镇化建设、乡村振兴和现代化建设、突破性集成改革推进、新时代山海协作、公共服务提质扩面等"八大行动"。构建山区新发展政策，分类引导、"一县一策"，为每个县量身定制发展方案和政策工具箱。同时，推动山海协作理念方法向省外拓展，用心用情加强东西部协作、对口支援和帮扶，打造对口工作升级版。

突出农民农村共同富裕，探索缩小城乡发展差距路径。深入实施新型城镇化和乡村振兴战略，以农业转移人口和农村人口为重点，打好城乡一体化改革组合拳，畅通城乡经济循环，率先实现城乡一体化发展。深入实施市民化集成改革，以都市区和县城为主要载体提高人口承载和公共服务共享水平，深化户籍制度和新型居住证制度改革，打造"三权到人（户）、权随人（户）走"改革2.0版，有序推进农业转移人口全面融入城市。深入实施乡村集成改革，系统探索宅基地"三权分置"有效实现形式，建立健全集体经营性建设用地入市办法和增值收益分配机制，构建"新型农业经营主体+'三位一体'合作经济组织"的现代农业经营体系，打开农民权益价值和农业价值空间。大力实施强村惠民行动，深化"两进两回"，实施科技强农、机械强农行动，健全村级集体经济收入增长长效机制，引导支持村集体在带动公共服务普及普惠上发挥更大作用。

突出"扩中""提低"改革，探索缩小收入差距路径。实施居民收入和中等收入群体双倍增计划，扩大中等收入群体比重，增加低收入群体收入，合理调节高收入，取缔非法收入，率先在优化收入分配格局上取得积极进展。精准识别扩中提低重点人群，分类制定针对性政策措施，推动更多低收入人群迈入中等收入行列，鼓励高收入人群和企业更多回报社会。系统探索"扩中""提低"实现路径，全面拓宽居民增收渠道，探索构建初次分配、再分配、三次分配协调配套的制度安排，加大普惠性人力资本投入，加强困难群体帮扶，推进公共服务优质共享，促进社会结构全面优化。创新构建"共性+专项"的公共政策工具箱、"全面覆盖+精准画像"的群体结构数据库，做实基础性工作。

突出健全为民办实事长效机制，探索公共服务优质共享路径。以数字赋能、制度创新为动力，强化创新思维，加强基础性、普惠性、兜底性民生保障建设，稳步推动人的全生命周期公共服务优质共享。率先构建育儿友好型社会，多渠道降低生育、养育、教育成本，打造"浙有善育"名片。加快建设高质量教育体系，加快实现基础教育均衡、普惠性人力资本提升、普及高等教育、教育治理现代化，建成"伴随每个人一生的教育、平等面向每个人的教育、适合每个人的教育"，打造"浙里优学"名片。深入实施"新时代浙江工匠培育"工程，开展大规模高质量职业技能培训，打造"浙派工匠"名片。加强全民全生命周期健康服务，打造"健康大脑+智慧医疗"，健全整合型医疗卫生服务体系，超常规推进"医学高峰"建设，深化"三医联动""六医统筹"改革，打造"浙里健康"名片。构建幸福养老服务体系，实施"养老机构跟着老人走"行动，试点长期护理保险制度，改革完善城乡居民基本养老保险制度，打造"浙里长寿"名片。完善住房供应和保障体系，扩大公租房、保障性租赁住房和共有产权住房供给，打造"浙里安居"名片。完善兜底救助体系，构建公共服务普及普惠幸福清单，实现兜底救助向"物质+服务"转变，打造"浙有众扶"名片。

突出打造精神文明高地，探索精神生活共同富裕路径。提升文化软实力，塑造社会新风尚，以文化创新推动思想进步、文明提升推动社会进步。守好"红色根脉"，大力弘扬伟大建党精神和红船精神、浙江精神，健全理论铸魂溯源走心体系，实施传承红色基因薪火行动，打造学习宣传实践党的创新理论的重要阵地。健全高品质精神文化服务体系，深入实施百亿文化设施建设工程，大力实施百城万村文化惠民工程，推进公共文化服务共享均等、可持续、高质量。打造江南特色的文化创新高地，深化文化研究工程，打造具有代表性的浙江文化符号和文化标识，实施新时代文艺精品创优工程，推进文化产业数字化战略，扩大高品质文化产品和服务供给。实施全域文明创建工程，推进新时代文明实践中心建设全覆盖，深化"最美浙江人"品牌培育行动，推进文明好习惯养成。加强舆论宣传引导，倡导共同富裕新理念。

突出建设共同富裕现代化基本单元，探索共同富裕场景集成落地路径。努力将示范区建设目标任务转化为群众生活家园的功能场景，推动共同富裕从宏观到微观落地。全省域推进城镇未来社区建设，深入实施未来社区"三化九场景"推进行动，以未来社区理念实施城市更新改造行动，打造绿色低碳智慧的"有机生命体"、宜居宜业宜游的"生活共同体"、共建共治共享的"社会综合体"。全省域推进乡村新社区建设，以深化"千万工程"牵引新时代乡村建设，实现新时代美丽乡村达标创建全覆盖，建设万个新时代美丽乡村精品村，开展未来乡村建设试点，进一步推动城市公共设施向农村延伸、城市公共服务向农村覆盖、城市文明向农村辐射，形成农民共享现代文明生活的美好家园。

突出一体推进法治浙江、平安浙江建设，探索统筹富民惠民安民路径。强化法治引领和保障作用，提高风险管控能力，构建舒心安心放心的社会环境。建立促进共同富裕的地方性法规及其政策体系，深化"大综合、一体化"行政执法改革，深化法治政府建设，创新"信用+"治理体制，打造一流的法治化营商环境，完善社会公平保障体系。坚持和发展新时代"枫桥经验"，深化"县乡一体、条抓块统"改革，健全党组织领导的自治、法治、德治、智治融合的城乡基层治理体系，建设社会治理共同体。完善风险闭环管控的大平安机制，依法化解影响平安稳定的重大风险隐患，坚决守住不发生系统性风险底线。

顾海良　北京大学教授

深刻理解共同富裕是社会主义的本质要求

在中国共产党百年华诞之际，习近平总书记对"共同富裕是社会主义的本质要求"这一重要理论命题作出深刻阐释，彰显了不忘初心、牢记使命，以史为鉴、开创未来的精神境界和思想智慧。

共同富裕作为社会主义的本质要求，丰富了新发展阶段的目标内涵。新发展阶段是全面建设社会主义现代化国家、向第二个百年奋斗目标进军的阶段。全面建设社会主义现代化国家、基本实现社会主义现代化，既是社会主义初级阶段我国发展的要求，也是我国社会主义从初级阶段向更高阶段迈进的要求。在实现第一个百年奋斗目标的历史进程中，从"总体小康"到"全面小康"，从"全面建设"到"全面建成"，我国经济社会发展取得了举世瞩目的成就。这是中国共产党百年辉煌的华彩乐章。习近平总书记在庆祝中国共产党成立100周年大会上庄严宣告："经过全党全国各族人民持续奋斗，我们实现了第一个百年奋斗目标,在中华大地上全面建成了小康社会,历史性地解决了绝对贫困问题,正在意气风发向着全面建成社会主义现代化强国的第二个百年奋斗目标迈进。这是中华民族的伟大光荣!这是中国人民的伟大光荣!这是中国共产党的伟大光荣!"进入新发展阶段,在向第二个百年奋斗目标迈进的新征程上,必须深刻把握我国社会主要矛盾的变化,不断满足人民日益增长的美好生活需要。党的十八大以来,以习近平同志为核心的党中央把逐步实现全体人民共同富裕摆在更加重要的位置上,采取有力措施保障和改善民生,努力为促进共同富裕创造良好条件。把促进全体人民共同富裕作为不断满足人民日益增长的美好生活需要的聚焦点,进一步明确为人民谋幸福的着力点,对于凝聚人心、推进中华民族伟大复兴,对于团结奋进、夯实党长期执政基础,都有着重大的现实意义和历史意义。

共同富裕作为社会主义的本质要求,彰显了中国式现代化的显著特征。中国式现代化新道路,是基于我国独特的文化传统、独特的历史命运、独特的基本国情走出来的。在这条道路上,到本世纪中叶我国将建成富强民主文明和谐美丽的社会主义现代化强国。习近平总书记指出:"我国现代化是人口规模巨大的现代化,是全体人民共同富裕的现代化,是物质文明和精神文明相协调的现代化,是人与自然和谐共生的现代化,是走和平发展道路的现代化。"全体人民共同富裕是中国式现代化的一个重要特征。在中国式现代化新道路上实现的共同富裕,是全体人民的富裕,是人民群众物质生活和精神生活都富裕,是人人参与、人人尽力、人人享有的富裕,要靠全体人民共同奋斗,遵循经济社会发展规律循序渐进,脚踏实地、久久为功。

共同富裕作为社会主义的本质要求,昭示了人类文明新形态的价值追求。习近平总书记在"七一"重要讲话中指出:"我们坚持和发展中国特色社会主义,推动物质文明、政治文明、精神文明、社会文明、生态文明协调发展,创造了中国式现代化新道路,创造了人类文明新形态。"这一重要论述丰富了习近平新时代中国特色社会主义思想的科学内涵,体现了新时代中国化马克思主义的思想智慧。马克思在概括以往各种社会文明形态特征时指出:"一方的人的能力的发展是以另一方的发展受到限制为基础的。迄今为止的一切文明和社会发展都是以这种对抗为基础的。"与中国式现代化相结合的人类文明新形态,以全体人民共同富裕的鲜明价值取向,开辟了人类文明发展的新道路和新方向。促进全体人民共同富裕,是对坚持以人民为中心的发展思想的贯彻落实,昭示了人类文明新形态的崇高价值追求。

共同富裕作为社会主义的本质要求,升华了中华民族伟大复兴的时代意蕴。习近平总书记在"七一"重要讲话中指出:"中国共产党一经诞生,就把为中国人民谋幸福、为中华民族谋复兴确立为自己的初心使命。一百年来,中国共产党团结带领中国人民进行的一切奋斗、一切牺牲、一切创造,归结起来就是一个主题:实现中华民族伟大复兴。"百年奋斗、初心不改,砥砺前行、主题不变。如何围绕实现中华民族伟大复兴这一主题奋进新征程,是中国共产党在新发展阶段面临的新课题。在全面建成小康社会基础上促进全体人民共同富裕,升华了推进中华民族伟大复兴的时代意蕴。党的十八大以来,我们党团结带领人民在实现社会主义现代化的征程上,续写了中华民族伟大复兴新的历史篇章。习近平总书记指出:"新发展阶段是社会主义初级阶段中的一个阶段,同时是其中经过几十年积累、站到了新的起点上的一个阶段。"习近平总书记强调:"社会主义初级阶段不是一个静态、一成不变、停滞不前的阶段，也不是一个自发、被动、不用费多大气力自然而然就可以跨过的阶段，而是一个动态、积极有为、始终洋溢着蓬勃生机活力的过程，是一个阶梯式递进、不断发展进步、日益接近质的飞跃的量的积累和发展变化的过程。"牢牢抓住共同富裕这一社会主义本质要求不懈努力，凸显了这一过程的特点和要求，必将对我国社会主义从初级阶段向更高阶段迈进起到强有力的推动和保障作用。

龚维斌 中共中央党校（国家行政学院）教育长、教授

扎实推动全体人民共同富裕

党的十九届五中全会提出，到 2035 年我国基本实现社会主义现代化时，全体人民共同富裕取得更为明显的实质性进展。这为我国基本实现社会主义现代化设定了明确具体的目标，勾画了未来 15 年我国现代化发展的美丽蓝图，必将成为凝聚全国人民斗志、激励人们努力奋斗的航标。新发展阶段，我们要准确把握共同富裕的思想渊源、理论内涵和实践要求。

共同富裕在接续奋斗中前进

实现共同富裕是人类自古以来的梦想和追求，更是中国共产党人的追求。新中国成立之初，毛泽东提出国家富强的发展目标，指出"这个富，是共同的富，这个强，是共同的强，大家都有份"，领导人民建立社会主义制度，并在共同富裕的道路上进行了探索。

改革开放之后，我们党在深刻总结以往现代化建设的历史经验和

教训的基础上，提出了关于共同富裕的一系列新思想和新认识。邓小平明确提出共同富裕是社会主义的本质，提出"先富带后富"的方针，即一部分地区有条件先发展起来，一部分地区发展慢点，先发展起来的地区带动后发展起来的地区，最终达到共同富裕。他还提出了"两个大局"思想，即东部沿海地区加快对外开放，使之较快地先发展起来，中西部地区要顾全这个大局。另一个大局，就是当发展到一定时期，比如，20世纪末全国达到小康水平时，就要拿出更多力量帮助中西部地区加快发展，东部沿海地区也要服从这个大局。"两个大局"思想是对"先富带后富"方针的发展和深化。

正是在这些思想的指引下，改革开放以后，我国实施了包括"国家八七扶贫攻坚计划"在内的一系列反贫困措施。同时，针对经济高速发展过程中出现的城乡区域和不同群体发展差距进一步扩大的新情况，开始西部大开发、中部崛起、东北振兴、新农村建设等一系列区域和乡村发展战略，大力推进以保障和改善民生为重点的社会建设，强调在收入分配中更加注重社会公平，致力于推动基本公共服务均等化，共同富裕取得了积极的成效。

党的十八大以来，中国特色社会主义进入新时代，我国社会主要矛盾发生了转化，人民对美好生活的需求更加强烈，人民群众对共同富裕有着新的更高的期待和要求。以习近平同志为核心的党中央审时度势，提出了一系列新理念新观点新论断，丰富和发展了共同富裕的思想。习近平总书记深刻指出，共同富裕是社会主义的本质要求，是人民群众的共同期盼。他提出了"共享"的理念，强调发展必须为了人民、依靠人民、成果由人民共享。党中央、国务院采取了一系列重大战略举措，以全面建成小康社会为目标，稳定和扩大就业，提高城乡居民收入，发展教育事业，促进教育公平，建立健全覆盖全民的社会保障体系，实施健康中国战略，提高医疗卫生保障水平，加快基本公共服务体系建设，着力缩小城乡、区域等方面的发展差距，把脱贫攻坚作为重中之重，实施脱贫攻坚战略。经过艰苦努力，人民生活水平显著提高，高等教育进入普及化阶段，就业形势总体趋稳、失业率保持在较低水平，建成世界上规模最大的社会保障体系，基本医疗保险覆盖超过13亿人，基本养老保险覆盖近10亿人，减少农村贫困人口9899万人，使现行标准下农村贫困人口全部脱贫，为促进全体人民共同富裕作出了重大贡献。新冠肺炎疫情防控取得重大战略成果，彰显了我国民生保障和社会建设的重大成就，表明推进全体人民共同富裕具有良好的经济社会基础。

但是应该看到，当前，我国发展不平衡不充分问题仍然突出，城乡区域发展和收入分配差距较大，中国仍然处于并将长期处于社会主义初级阶段，是世界上最大发展中国家的地位没有改变。我国在经济发展和民生福祉等方面，还不能很好适应社会主义现代化建设和人民对美好生活的期盼，需要加快步伐促进全体人民共同富裕。

共同富裕是多方面量和质的统一

新时代的共同富裕涵盖了人民对经济、政治、文化、社会、生态文明等体现和反映美好生活的多领域的发展要求。共同富裕不仅仅是物质生活的富足，也包括精神文化的丰富，是物质生活与精神生活的有机统一。没有精神生活的充实，只有物质生活的富裕，显然不是现代文明条件下的真正富裕。习近平总书记指出，我们推动经济社会发展，归根结底是要实现全体人民共同富裕。共同富裕是经济社会发展的根本目的，是满足人民日益增长的美好生活需要的手段。物质财富占有量只是衡量共同富裕重要的但非唯一的指标。共同富裕是物质条件改善基础上多方面社会进步和公平正义的体现，反映了中国特色社会主义现代化的理想状态和实现程度。

在经济社会发展水平达到一定程度时，人们对共同富裕的心理感受和主观体验的成分就凸显出来，表现为对高品质生活和社会公平正义的追求更加强烈。因此，推进全体人民共同富裕，要从物质和精神、客观和主观多个方面发力，既要有数量上的增加，更要有质量上的提升甚至飞跃；既要有客观条件的改变，更要有良好的心理体验，增强人们的获得感、幸福感和安全感。

正是在这个意义上，党的十九届五中全会提出 2035 年远景目标的落脚点是"人民生活更加美好，人的全面发展、全体人民共同富裕取得更为明显的实质性进展"。人的全面发展是共同富裕取得实质性进展的原则和重要内容。推进共同富裕不仅要在数量上有"明显的"增加，而且要在质量上有"实质性"改善。这样的目标要求对标现实和人民群众的期盼，体现为一定数量的物质条件改善基础上的全面生活质量提升，实事求是、符合发展规律，兼顾了需要和可能。

共同富裕有着明确的时间表

促进全体人民共同富裕是一项长期任务，是远景目标和阶段性目标的统一。党的十九大对"两个阶段"战略实施中的共同富裕提出了两个既有区别又相衔接的目标要求。第一个阶段，从 2020 年到 2035 年，基本实现社会主义现代化。到那时，人民生活更为宽裕，中等收入群体比例明显提高，城乡区域发展差距和居民生活水平差距显著缩小，基本公共服务均等化基本实现，全体人民共同富裕迈出坚实步伐。第二阶段，从 2035 年到 21 世纪中叶，把我国建设成为社会主义现代化强国。到那时，全体人民共同富裕基本实现，我国人民将享有更加幸福安康的生活。共同富裕的奋斗目标从"迈出坚实步伐"到"基本实现"，表明了党中央坚定的决心，也给全国人民以坚定的信心。

随着我国全面建成小康社会、开启全面建设社会主义现代化国家新征程，必须把促进全体人民共同富裕摆在更加重要的位置，脚踏实地，久久为功，朝着这个目标更加积极有为地进行努力，让广大人民群众能够切实分享到经济社会发展的成果，更要让人民群众获得看得见、摸得着的实惠，体验到公平合理、幸福美好的生活品质。

党的十九届五中全会在全面总结"十三五"时期现代化建设成就和经验的基础上，按照党的十九大的决策部署，提出了"十四五"时期推动共同富裕迈出坚实步伐的重点任务和具体措施建议，要求提高人民收入水平，强化就业优先政策，建设高质量教育体系，健全多层次社会保障体系，全面推进健康中国建设，健全公共服务体系，提高社会文明程度，加强和创新社会治理，改善人民生活品质，提高社会建设水平，促进人的全面发展和社会全面进步。五中全会重申坚持按劳分配为主体、多种分配方式并存，提高劳动报酬在初次分配中的比重，要求着力提高低收入群体收入，扩大中等收入群体，改善收入和财富分配格局。这一系列促进共同富裕的规划建议方向明确、重点突出，具有很强的针对性和可行性。

共同富裕要积极稳妥地推进

共同富裕既是目标也是手段，要将共同富裕的理念贯穿我国社会主义现代化建设全过程和各方面。共同富裕不是同等富裕,不是无差别的平均富裕。因此,扎实推进全体人民共同富裕,既要积极又要稳妥,妥善处理公平与效率的关系,正确发挥政府、市场和社会的作用。

积极稳妥推动共同富裕,需要把握好以下几点。

一是坚持高质量发展。发展仍然是解决我国所有问题的关键。共同富裕的前提和基础是社会生产力高度发展,社会财富极大丰富。没有生产力的高度发展,共同富裕就可能变成共同贫穷。习近平总书记指出:"社会上有一些人说,目前贫富差距是主要矛盾,因此'分好蛋糕比做大蛋糕更重要',主张分配优先于发展。这种说法不符合党对社会主义初级阶段和我国社会主要矛盾的判断。"因此,要大力发展社会生产力,不断做大社会财富"蛋糕",为共同富裕提供物质基础。高质量发展就是从"有没有"到"好不好"的发展,是解决发展不平衡不充分问题、实现共同富裕的基础条件和根本途径,也是坚持在发展中保障和改善民生的具体体现。

二是坚持突出重点。推进共同富裕首先是补短板、强弱项。解决好城乡区域差距和收入分配差距、扩大中等收入群体,是推进共同富裕的着力点。其中,扩大中等收入群体又是重中之重。中等收入群体不仅仅是以收入水平来界定的,还包括与人民生活品质相关的其他内容,因此,扩大中等收入群体,就是一个经济社会发展均衡水平不断提高、全体人民共同富裕的过程。扩大中等收入群体,需要巩固脱贫攻坚成果,促进进城农民工稳定就业和融入城市,提高困难群体的收入水平,畅通社会流动渠道,创造更多社会流动机会,使更多人加入中等收入群体行列。

三是坚持人人尽责、人人享有。共同富裕是全体人民的共同富裕,也应该由全体人民共同努力、共同创造。要创造条件让人们参与财富创造，鼓励劳动致富、勤劳致富、智慧致富，在创造社会财富、促进社会发展进步中提升收入和财富水平。建立健全以权利公平、机会公平、规则公平为主要内容的社会公平保障体系，优化资源配置方式，完善收入和财富分配制度，激发人们干事创业创新的积极性，让一切创造财富的源泉充分涌流。要防止只讲享受、不讲贡献，防止只讲权利、不讲义务，防止搞平均主义、吃大锅饭。

四是坚持尽力而为、量力而行。共同富裕是就全国整体而言的，不是同步富裕。各地经济社会发展条件和基础不同，不可能是同一个速度、同一个标准。各个地方要根据远景目标，从现实和可能两个方面，分阶段制定时间表和路线图，实事求是、循序渐进，既不能借口情况特殊无所作为，也不能脱离实际，层层下达指标，急于求成。习近平总书记指出："我们要立足国情、立足经济社会发展水平来思考设计共享政策，既不裹足不前、铢施两较、该花的钱也不花，也不好高骛远、寅吃卯粮、口惠而实不至。"要把握好政策舆论宣传的度，正确引导群众的心理预期，防止吊高胃口，防止落入"中等收入陷阱"。

逄锦聚 南开大学政治经济学研究中心主任、南开大学中国特色社会主义经济建设协同创新中心主任

中国共产党带领人民为共同富裕百年奋斗的理论与实践

以人民为中心，实现共同富裕，是中国共产党成立以来矢志不渝的神圣使命和奋斗目标。经过百年艰苦奋斗，中国共产党领导中国人民创造了世所罕见的经济快速增长、社会长期稳定发展的奇迹，在共同富裕的道路上迈着坚实的步伐。但面对新时代、新阶段和全面建设社会主义现代化国家的新征程，还要在理论与实践的结合上作出更大的努力，在以人民为中心实现共同富裕的道路上取得更进一步、更加实质性的进展。

一、共同富裕是社会主义的本质要求

从成立之日起，中国共产党就以共产主义为崇高理想，把为中国人民谋幸福、为中华民族谋复兴作为初心使命，团结带领中国人民为创造美好生活、实现全体人民的共同富裕进行了长期艰辛奋斗，并在

长期革命、建设、改革实践中不断深化对共同富裕的认识。

在新民主主义革命时期,中国共产党带领广大农民进行土地革命,实行"耕者有其田",帮助穷苦民众翻身得解放,建立新中国,目的是让人民过上美好生活,实现共同富裕。

新中国成立,社会主义制度的建立,为实现共同富裕奠定了根本政治前提和制度基础。新中国成立初期,最早明确提出共同富裕概念的是毛泽东。1953年12月16日,中国共产党中央委员会通过的《中共中央关于发展农业生产合作社的决议》指出:"为着进一步地提高农业生产力,党在农村中工作的最根本的任务,就是……使农民能够逐步完全摆脱贫困的状况而取得共同富裕和普遍繁荣的生活。"[1] 这个决议是根据毛泽东的意见形成的。其后,1955年10月29日,毛泽东在资本主义工商业社会主义改造问题座谈会上的讲话中又指出:"现在我们实行这么一种制度,这么一种计划,是可以一年一年走向更富更强的,一年一年可以看到更富更强些。而这个富,是共同的富,这个强,是共同的强,大家都有份。"[2]

改革开放后,邓小平明确指出:"社会主义的本质,是解放生产力,发展生产力,消灭剥削,消除两极分化,最终达到共同富裕。"[3] 其后,江泽民强调:"实现共同富裕是社会主义的根本原则和本质特征,绝不能动摇。"[4] 胡锦涛强调:"使全体人民共享改革发展的成果,使全体人

---

[1]《中共中央关于发展农业生产合作社的决议》,《人民日报》1954年1月9日。
[2]《毛泽东文集》第六卷,人民出版社1999年版,第495页。
[3]《邓小平文选》第三卷,人民出版社1993年版,第373页。
[4]《江泽民文选》第一卷,人民出版社2006年版,第466页。

民朝着共同富裕的方向稳步前进。"① 党的几代领导人从解放生产力与发展生产力、生产力与生产关系的辩证统一中，从现实任务与奋斗目标的辩证统一中，对共同富裕的社会主义根本性质作了科学的概括。

党的十八大以来，中国共产党对共同富裕的认识达到了新的高度。习近平总书记指出："共同富裕，是马克思主义的一个基本目标，也是自古以来我国人民的一个基本理想……按照马克思、恩格斯的构想，共产主义社会将彻底消除阶级之间、城乡之间、脑力劳动和体力劳动之间的对立和差别，实行各尽所能、按需分配，真正实现社会共享、实现每个人自由而全面的发展。""共同富裕是社会主义的本质要求，是人民群众的共同期盼。我们推动经济社会发展，归根结底是要实现全体人民共同富裕。""共同富裕本身就是社会主义现代化的一个重要目标。我们要始终把满足人民对美好生活的新期待作为发展的出发点和落脚点，在实现现代化过程中不断地、逐步地解决好这个问题。要自觉主动解决地区差距、城乡差距、收入差距等问题，坚持在发展中保障和改善民生，统筹做好就业、收入分配、教育、社保、医疗、住房、养老、扶幼等各方面工作，更加注重向农村、基层、欠发达地区倾斜，向困难群众倾斜，促进社会公平正义，让发展成果更多更公平惠及全体人民。"② "实现共同富裕不仅是经济问题，而且是关系党的执政基础的重大政治问题。我们决不能允许贫富差距越来越大、穷者愈穷富者愈富，决不能在富的人和穷的人之间出现一道不可逾越的鸿

---

① 《十六大以来重要文献选编》（中），中央文献出版社2006年版，第712页。
② 《习近平谈共同富裕》，党建网2021年3月18日。

沟。"① 党的十九大报告提出，到 2035 年"全体人民共同富裕迈出坚实步伐"，到 21 世纪中叶"全体人民共同富裕基本实现，我国人民将享有更加幸福安康的生活"。② 党的十九届五中全会提出了更为具体的要求，即到 2035 年"人均国内生产总值达到中等发达国家水平，中等收入群体显著扩大，基本公共服务实现均等化，城乡区域发展差距和居民生活水平差距显著缩小"，"人的全面发展、全体人民共同富裕取得更为明显的实质性进展"。③ 这些认识从人民群众的共同期盼、人的全面发展等角度，进一步确认共同富裕是社会主义本质要求，是社会主义现代化的重要目标，标志着中国共产党对共同富裕的认识达到更高的理论高度。

从上述中国共产党带领人民为共同富裕而艰苦奋斗的过程和关于共同富裕的认识发展过程可以发现，中国共产党带领中国人民要追求的共同富裕至少包括以下几项基本要求：（1）共同富裕是以人民为中心，消除两极分化和贫穷基础上的全体人民的普遍富裕。（2）共同富裕是马克思主义的一个基本目标，也是自古以来我国人民的一个基本理想。（3）共同富裕不仅指经济上共同富裕，也包括人民对政治民主、文化繁荣、社会公平正义、道德提高、生态文明等方面的追求，是人人都全面发展的共同富裕。（4）共同富裕是社会主义的本质要求，是

---

① 习近平：《把握新发展阶段，贯彻新发展理念，构建新发展格局》，《求是》2021 年第 9 期。

② 习近平：《决胜全面建成小康社会　夺取新时代中国特色社会主义伟大胜利——在中国共产党第十九次全国代表大会上的报告》，《人民日报》2017 年 10 月 28 日。

③《中共中央关于制定国民经济和社会发展第十四个五年规划和二〇三五年远景目标的建议》，《人民日报》2020 年 11 月 4 日。

人民群众对美好生活的共同期盼。(5)实现共同富裕不仅是经济问题,而且是关系党的执政基础的重大政治问题。这样的认识符合我国实际,不仅使我们对实现共同富裕的目标认识更加清晰,而且对于将共同富裕仅仅理解为物质富足、经济富裕的观点,也是矫正和拓展。

二、大力发展生产力促进共同富裕

按照历史唯物主义的观点,共同富裕目标的实现程度,一是取决于生产力发展水平,二是取决于经济社会制度。没有生产力发展,就根本谈不到富裕,没有好的经济制度和社会制度,即使富裕也是少数人的富裕,而难以实现全体人民的共同富裕。制度与生产力对于实现共同富裕而言都很重要,缺一不可,但二者相比较,生产力发展则具有更为深层次的决定性作用。

生产力的发展、制度的变迁是由量变到质变的过程,由此决定共同富裕也只能是由渐进到质的飞跃的逐步实现的过程。从中国共产党带领人民不断实现共同富裕的历程看,在生产力极端落后的半殖民地半封建社会的旧中国,在新民主主义革命28年进程中,中国共产党领导人民只能在革命老区、抗日根据地、解放区等局部地区,实行土地革命、减租减息、土地改革等措施,逐步地有限程度地解决农民吃饭问题,谈不到富裕,共同也是局部范围的共同。新中国成立70多年特别是改革开放40多年来,经过社会主义革命、建设和改革,我国全面建成了小康社会,按现行标准贫困人口全部脱贫,从总体上说,全体人民实现了从站起来到富起来的飞跃。据国家统计局发布的数据,新中国成立70年来特别是改革开放40多年来,我国城乡居民收入大幅增长,居民消费水平明显提高。1949年我国居民人均可支配收入仅为49.7元，2018年我国居民人均可支配收入达到28228元，名义增长566.6倍，扣除物价因素实际增长59.2倍，年均实际增长6.1%。按照2010年农村贫困标准，1978年末我国农村贫困人口达7.7亿，2018年末我国农村贫困人口减少至1660万，比1978年末减少约7.5亿。党的十八大以来，收入分配制度改革全面深化实施，重点群体收入增长措施持续发力，精准扶贫、精准脱贫政策深入推进，对城乡居民的收入增加起到至关重要的作用。城镇居民人均可支配收入从2013年的26467元增加到2018年的39251元，年均实际增长6.3%。农村居民人均可支配收入从2013年的9430元增加到2018年的14617元，年均实际增长7.7%。伴随着城乡居民收入的跨越式增长，城乡居民的收入来源也从单一走向多元。城镇居民工资性收入不再占据绝对主体，经营、财产和转移性收入比重增加。2018年城镇居民人均工资性收入占人均可支配收入的比重为60.6%，比1964年下降了30.3个百分点。[①] 在这样的基础上，即使受新冠肺炎疫情的严重影响，2020年，中国经济总量首破100万亿元大关，占世界经济的比重为17%左右，经济总量连续11年居世界第二，14亿人口人均收入达到1万美元；全国居民人均可支配收入32189元，比2019年实际增长2.1%，农村居民收入增长快于城镇居民；全国卫生健康支出比上年增长15.2%，其中，与新冠肺炎疫情防控直接相关的公共卫生支出增长74.9%，住房保障支出增长10.5%，社会保障和就业支出增长10.9%

---

① 参见国家统计局：《人民生活实现历史性跨越 阔步迈向全面小康——新中国成立70周年经济社会发展成就系列报告之十四》，国家统计局网站2019年8月9日。

（见图1、表1）。①

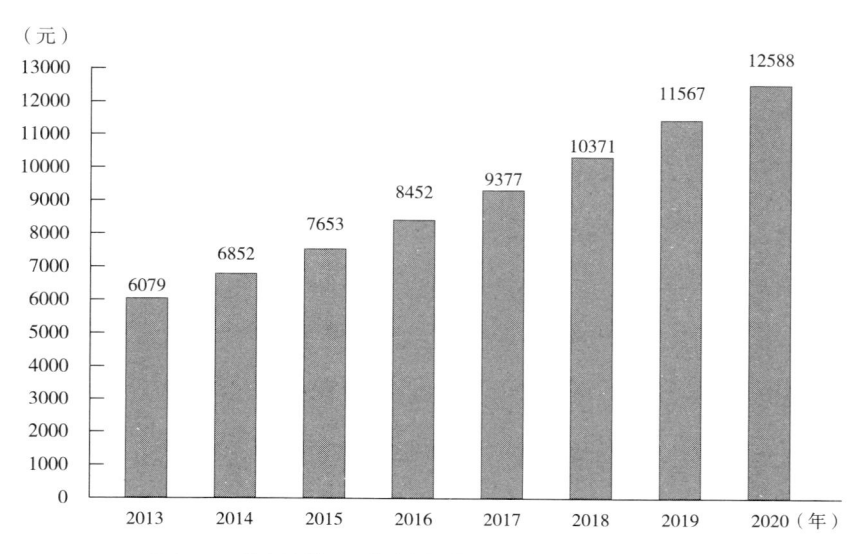

图1 贫困地区农村居民人均可支配收入

年份	收入（元）
2013	6079
2014	6852
2015	7653
2016	8452
2017	9377
2018	10371
2019	11567
2020	12588

资料来源：《人类减贫的中国实践》白皮书，新华网2021年4月6日。

中国共产党带领人民不断实现共同富裕的历程说明，实现共同富裕的目标不可能"毕其功于一役"，而是动态、分阶段、先局部后全局、不断实现的过程。不同发展阶段生产力发展水平不同，经济社会发展的水平不同，经济社会制度的发展完善程度不同，共同富裕的程度也不同。在这一过程中，既要着力解放和发展生产力，也要致力于制度的变革。但从根本上说，生产力是最革命最活跃的因素，所以朝着共同富裕的目标前进，首先要大力发展生产力。

社会主义的根本任务是发展生产力。对此，马克思主义经典作家曾明确地做过论述，中国共产党对此的认识也十分清晰。早在《共产

---

① 参见宁吉喆：《中国经济逆势前行跃上新台阶》，《求是》2021年第3期。

表1 1949—2018年我国城乡居民收入增长情况

	城镇居民人均可支配收入增速(%)	农村居民人均可支配收入增速(%)	城镇居民人均可支配收入(元)	农村居民人均可支配收入(元)
1949—1978年：奋力争取温饱			1949年：99.5	1949年：44
1949—1957年	9.1	3.5	1957年：254	1957年：73
1957—1978年	0.8	2.3	1978年：343	1978年：134
1979—1991年：稳定解决温饱	9.3	6.0	1991年：1701	1991年：709
1992—2012年：实现总体小康	8.3	6.7	1992年：2027	1992年：784
			2012年：24127	2012年：8389
2013—2018年：迈向全面小康	6.3	7.7	2013年：26467	2013年：9430
			2018年：39251	2018年：14617

注：根据国家统计局发布的《人民生活实现历史性跨越 阔步迈向全面小康——新中国成立70周年经济社会发展成就系列报告之十四》中的资料制作。

党宣言》中,马克思和恩格斯就指出,无产阶级取得政权并把全部资本集中到自己的手里后,就要"尽可能快地增加生产力的总量"①。列宁在俄国十月革命胜利后论述苏维埃政权任务时进一步明确指出:"在任何社会主义革命中,当无产阶级夺取政权的任务解决以后,随着剥夺剥夺者及镇压他们反抗的任务大体上和基本上解决,必然要把创造高于资本主义的社会结构的根本任务提到首要地位,这个根本任务就是:提高劳动生产率。"②在中国,生产资料的社会主义改造基本完成以后,毛泽东也指出,我们的根本任务已经由解放生产力变为在新的生产关系下面保护和发展生产力。邓小平在设计中国特色社会主义宏伟蓝图时多次指出:"社会主义阶段的最根本任务就是发展生产力。"③同时提出"发展是硬道理"的著名论断。习近平总书记在党的十九大报告中更是明确强调:"实现'两个一百年'奋斗目标、实现中华民族伟大复兴的中国梦,不断提高人民生活水平,必须坚定不移把发展作为党执政兴国的第一要务,坚持解放和发展社会生产力,坚持社会主义市场经济改革方向,推动经济持续健康发展。"④

发展生产力对于实现共同富裕具有特殊的意义。这是因为:第一,只有大力发展生产力,才能不断巩固和完善社会主义制度;第二,只有大力发展生产力,才能使社会财富不断丰富,不断满足人民日益增长的美好生活需要;第三,只有大力发展生产力,才能建设高度的社

---

① 《马克思恩格斯选集》第一卷,人民出版社2012年版,第421页。
② 《列宁全集》第三十四卷,人民出版社2017年版,第168页。
③ 《邓小平文选》第三卷,人民出版社1993年版,第63页。
④ 习近平:《决胜全面建成小康社会 夺取新时代中国特色社会主义伟大胜利——在中国共产党第十九次全国代表大会上的报告》,《人民日报》2017年10月28日。

会主义精神文明和政治文明；第四，只有大力发展生产力，才能维护国家主权和独立。总之，中国解决所有问题的关键都要靠生产力的发展。是否有利于发展社会主义社会的生产力，是否有利于增强社会主义国家的综合国力，是否有利于提高人民的生活水平，是社会主义初级阶段考虑一切问题的出发点和落脚点。

在新时代新阶段，向着共同富裕的目标前进，大力发展生产力，要重点做到以下三个方面。

1. 创新引领，实施高质量发展

要推动经济发展质量变革、效率变革、动力变革，提高全要素生产率，转变发展理念，提高企业活力，加快供给侧结构性改革。

2. 大力发展科学技术

科学技术是第一生产力，是先进生产力的集中体现和主要标志，要加快生产力的发展，必须加快科学技术的发展。要始终把发挥中国社会主义制度的优越性同掌握、运用和发展先进的科学技术结合起来，大力推动科技进步和创新，不断用先进科技改造和提高国民经济，努力实现中国生产力发展的跨越。当前，以信息技术、大数据、人工智能等为主要标志的世界科技革命正在形成新的高潮，科技进步越来越成为经济发展的决定因素，科学技术实力成为衡量国家综合国力强弱的重要标志。世界范围内国与国之间的竞争，核心是科技的竞争。面对发达国家在经济和科技上占优势的压力，我们必须充分认识到加快科技发展的重要性和紧迫性，并采取得力措施加快科技的发展。实施科教兴国战略是加快科技发展的重大举措。要坚持教育为本，把科技教育摆在经济、社会发展的重要位置，增强国家的科技实力及向现实生产力转化的能力，提高全民族的科技文化素质，把经济建设转移到依靠科技进步和提高劳动者素质的轨道上来。

3. 尊重劳动、尊重知识、尊重人才、尊重创造

人是生产力中最具有决定性的力量。要调动一切积极因素，使为发展生产力作贡献的所有劳动者都能充分发挥他们的聪明才干，努力形成全体人民各尽其能、各得其所而又和谐相处的局面，为发展生产力作贡献。要尊重和保护一切有利于生产力发展的劳动。不论是体力劳动还是脑力劳动，不论是简单劳动还是复杂劳动，一切为中国社会主义现代化建设作出贡献的劳动，都应该得到承认和尊重。要调动一切积极性，让劳动、知识、技术、管理和资本的活力竞相迸发，让一切促进生产力发展、创造社会财富的源泉充分涌流。

三、全面深化改革为共同富裕提供制度保障

要实现共同富裕，在大力发展生产力的同时，还要全面深化改革，不断完善中国特色社会主义制度，为实现共同富裕提供制度保障。这是中国共产党领导人民，在百年的探索中特别是新中国成立70多年的探索中得出的宝贵经验和结论。

经过新中国成立到改革开放前的几十年探索，"确立社会主义基本制度，消灭一切剥削制度，推进了社会主义建设"。"完成了中华民族有史以来最为广泛而深刻的社会变革，为当代中国一切发展进步奠定了根本政治前提和制度基础，为中国发展富强、中国人民生活富裕奠定了坚实基础，实现了中华民族由不断衰落到根本扭转命运、持续走向繁荣富强的伟大飞跃。"[1] 但是，由于在探索过程中缺乏经验，走

---

[1] 习近平：《在庆祝中国共产党成立95周年大会上的讲话》，《人民日报》2016年7月2日。

过弯路，尤其是长期实行了并不符合我国国情的经济体制，社会主义优越性未得到充分发挥，人民生活的改善程度、共同富裕的程度没有预期的那样高。

1978年召开的党的十一届三中全会开启了改革开放和社会主义现代化建设新时期。"我们党团结带领中国人民进行改革开放新的伟大革命，极大激发广大人民群众的创造性，极大解放和发展社会生产力，极大增强社会发展活力，人民生活显著改善，综合国力显著增强，国际地位显著提高。"[①]中国作为世界上最大的发展中国家，在短短几十年里摆脱贫困并跃升为世界第二大经济体，创造了人类社会发展史上惊天动地的发展奇迹，使中华民族焕发出新的蓬勃生机。但是，在共同富裕的道路上，一方面我们迈开了大步，取得了巨大成就；另一方面仍面临严峻挑战，主要是发展不平衡不充分问题仍然突出、城乡区域发展和收入分配差距较大、城乡居民内部的收入和财产占有差距较大、在全部人口中中等收入群体的比重过小、在社会保障领域还需要进一步实现公平。这些问题虽然在逐步得到解决，但依然要高度重视。

据国家统计局公布的数字，党的十八大以来，由于政府发挥再分配调节功能，加大对保障和改善民生的投入，农村居民收入增速快于城镇居民，城乡居民收入差距持续缩小。2017年，城乡居民人均可支配收入之比较2007年下降0.43，较2012年下降0.17，但仍达到2.71。地区差距虽然也呈现出不断缩小态势——以2017年为例，东部、中部、东北地区与西部地区收入相对差距分别比2012年缩小0.06、0.02、0.11，但如果以西部地区居民收入为1，则东部地区与西部地区居

---

① 习近平：《在庆祝中国共产党成立95周年大会上的讲话》，《人民日报》2016年7月2日。

民人均收入之比为1.66,中部地区与西部地区居民人均收入之比为1.08,东北地区与西部地区居民人均收入之比为1.19。① 另据国家统计局新闻发言人提供的情况,根据2019年相关数据,我国低收入组和中间偏下收入组共40%的家庭户对应的人口为6.1亿,年人均收入为11485元,月人均收入不到1000元。其中,低收入组户月人均收入低于1000元,中间偏下收入组户月人均收入高于1000元。②

这些情况说明,促进全体人民共同富裕仍然是一项长期任务。随着我国全面建成小康社会、开启全面建设社会主义现代化国家新征程,"我们必须把促进全体人民共同富裕摆在更加重要的位置,脚踏实地、久久为功,向着这个目标更加积极有为地进行努力,促进人的全面发展和社会全面进步,让广大人民群众获得感、幸福感、安全感更加充实、更有保障、更可持续。"③

应该指出的是,在共同富裕道路上我国面临的挑战和出现的问题是发展中的问题,是在全体人民生活水平都有大幅提高的基础上出现的差距拉大的问题。发展中的问题要在发展中解决。而实践证明,中国共产党领导人民进行的改革开放是促进发展、实现共同富裕的强大动力,要实现更高水平的、差距逐步缩小的共同富裕,必须进一步深

---

① 2018年8月31日,国家统计局发布数据显示,改革开放40年来,中国城乡居民收入构成从单一占比较高走向多元共同增长,城乡、区域和居民之间收入差距持续缩小,收入分配格局明显改善。参见国家统计局:《中国居民收入差距持续缩小》,《人民日报》2018年9月1日。
② 《国家统计局新闻发言人付凌晖就2020年5月份国民经济运行情况回答媒体关注的问题》,国家统计局网站2020年6月15日。可参见《中国统计年鉴2019》第171页《2013—2018年的住户收支调查表》,《中国统计摘要2020》第59页《2014—2019年的住户收支调查表》。
③ 习近平:《在全国脱贫攻坚总结表彰大会上的讲话》,《人民日报》2021年2月26日。

化改革。

"全面深化改革的总目标是完善和发展中国特色社会主义制度，推进国家治理体系和治理能力现代化。"经济改革是全面深化改革促进共同富裕的重点，所以，"必须立足于我国长期处于社会主义初级阶段这个最大实际，坚持发展仍是解决我国所有问题的关键这个重大战略判断，以经济建设为中心，发挥经济体制改革牵引作用，推动生产关系同生产力、上层建筑同经济基础相适应，推动经济社会持续健康发展"[1]。

经过几十年的改革，我国已经建立以公有制为主体、多种所有制共同发展，以按劳分配为主体、多种分配制度并存和社会主义市场经济体制为主要内容的基本经济制度。为实现共同富裕而进行的经济改革，要在坚持和完善基本经济制度不动摇的前提下，着力探讨实现更高水平共同富裕的途径和措施。

第一，毫不动摇巩固和发展公有制经济，坚持公有制主体地位，发挥国有经济主导作用，不断增强国有经济活力、控制力、影响力。毫不动摇鼓励、支持、引导非公有制经济发展，激发非公有制经济活力和创造力。积极发展混合所有制经济。

第二，完善社会主义市场经济体制，充分发挥市场在资源配置中的决定性作用，更好发挥政府作用。加快完善现代市场体系、宏观调控体系、开放型经济体系。

第三，完善按劳分配为主体、多种分配制度并存的分配制度。首

---

[1]《中共中央关于全面深化改革若干重大问题的决定》，《人民日报》2013年11月16日。

先，着重保护劳动所得，着力提高劳动报酬在初次分配中的比重。尤其要在全面脱贫基础上，加快乡村振兴，千方百计增加农民的收入，以缩小城乡收入差距。其次，健全劳动、资本、土地、知识、技术、管理、数据等生产要素按贡献决定报酬的机制，拓宽投资渠道，增加居民财产性收入。

第四，转变政府职能，完善宏观领域改革，调节收入分配。从人类社会发展的实践看，发展市场经济是可以解决富裕问题的，但靠市场自发调节解决全体人民共同富裕是不可能的。所以要在充分发挥市场在资源配置中的决定作用的同时，更好发挥政府作用。重要措施包括：健全以税收、社会保障、转移支付等为主要手段的再分配调节机制，强化税收调节；千方百计提高中低收入阶层的收入；完善相关制度和政策，合理调节城乡、区域、不同群体间分配关系；重视发挥第三次分配作用，发展慈善等社会公益事业；鼓励勤劳致富，保护合法收入，增加低收入者收入，扩大中等收入群体，调节过高收入，清理规范隐性收入，取缔非法收入。

第五，坚持经济、政治、文化、社会和生态等各个领域的全面深化改革，统筹推进"五位一体"总体布局，协调推进"四个全面"战略布局，坚持完善和发展中国特色社会主义制度，推进国家治理体系和治理能力现代化。

在这些改革中，要特别发挥经济特区和沿海先富地区改革先行的示范作用，带动中西部和东北地区的改革，同时通过后富地区的加快改革发展，解决地区之间改革不平衡的矛盾。要在充分发挥市场在资源配置中的决定作用的同时，更好发挥政府对收入分配的调控作用，以使收入分配发挥调动各个阶层的积极性、促进经济社会健康发展的作用。总的目标是,继续解放和发展生产力,把"蛋糕"做大,为共同富裕奠定强大的财富基础,同时不断完善社会主义制度,分好"蛋糕",为缩小地区和居民收入差距提供制度保障。

四、加强党的领导贯彻新发展理念引领共同富裕

中华民族近代以来由衰到兴的历史证明,"中国特色社会主义最本质的特征是中国共产党领导"①。实现共同富裕,必须坚持中国共产党的领导。党的领导最重要的是通过路线方针政策的领导和先进的理念指导。经过百年的不懈探索,中国共产党形成了以人民为中心的发展思想,党的十八大以来形成了创新、协调、绿色、开放、共享的新发展理念。共享是其中的重要理念之一。实现共同富裕,就要坚持以人民为中心的发展思想,贯彻共享发展理念,着力改善民生,让人民群众共享改革发展成果。这体现着中国共产党的初心和根本宗旨,也反映着社会主义逐步实现共同富裕的本质要求。

坚持以人民为中心贯彻新发展理念,就要坚持四个方面:(1)全民共享。共享发展是人人享有、各得其所,不是少数人共享、一部分人共享。(2)全面共享。要共享国家经济、政治、文化、社会、生态各方面建设成果,全面保障人民在各方面的合法权益。既包括经济发展成果,实现城乡居民收入不断提高,城乡居民生活水平不断改善,也包括政治发展成果、文化发展成果、社会发展成果和生态文明发展成果。(3)共建共享。共建才能共享,共建的过程也是共享的过程。

---

① 习近平:《决胜全面建成小康社会 夺取新时代中国特色社会主义伟大胜利——在中国共产党第十九次全国代表大会上的报告》,《人民日报》2017年10月28日。

没有发展就没有共享的物质基础。(4)渐进共享。共享发展是一个从低级到高级、从不均衡到均衡的过程,即使达到很高的水平也会有差别。要立足国情、立足经济社会发展水平来思考设计共享政策,既不裹足不前,也不好高骛远、寅吃卯粮、口惠而实不至。共享发展的四个方面相互贯通,要整体理解和把握。

共建是要充分发挥人民群众的积极性、主动性、创造性,举全民之力推进中国特色社会主义事业,不断把"蛋糕"做大。要引导更多的劳动者参与经济建设。要鼓励创新创业,提高经济发展的质量。共享是把不断做大的"蛋糕"分好,让社会主义制度的优越性得到更充分的体现,让人民群众有更多获得感。要扩大中等收入阶层,在打赢脱贫攻坚战基础上加快乡村振兴。

要着力改善民生,通过各种制度安排保障人民群众参与发展过程,分享发展成果,促进社会公平正义。要优先发展教育事业,提高就业质量和人民收入水平,加强社会保障体系建设,实施健康中国战略,打造共建共治共享的社会治理格局,有效维护国家安全等。这都是在实现更高水平共同富裕中要着力搞好的工作。

中国特色社会主义进入新时代,经济社会发展进入全面建设社会主义现代化国家的新阶段,在新时代新阶段,中国共产党带领人民一定会在共同富裕的道路上迈出更大步伐,更高水平的共同富裕目标一定能实现。

张占斌 第十三届全国政协委员,中共中央党校(国家行政学院)马克思主义学院院长、教授

推动全体人民共同富裕取得更为明显的实质性进展

2021年8月17日,习近平总书记在中央财经委员会第十次会议上强调,共同富裕是社会主义的本质要求,是中国式现代化的重要特征,要坚持以人民为中心的发展思想,在高质量发展中促进共同富裕。学习贯彻习近平总书记重要讲话精神,必须着力适应我国社会主要矛盾的变化,更好满足人民日益增长的美好生活需要,努力把促进全体人民共同富裕作为为人民谋幸福的着力点,不断夯实党长期执政基础。

推动全体人民共同富裕是全面建设社会主义现代化国家的本质要求

推动全体人民共同富裕,是社会主义制度优势的充分体现,是中国式现代化的重要特征,也是全面建设社会主义现代化国家的本质要求。面对新发展阶段的历史新起点,要坚持以人民为中心的发展思想,

必须把"全体人民共同富裕取得更为明显的实质性进展"作为红线贯穿全面建设社会主义现代化国家全过程。

推动全体人民共同富裕是马克思主义一面鲜艳的旗帜,映照出中国共产党的初心使命和社会主义的本质要求。共同富裕是马克思主义的一个基本目标,马克思、恩格斯指出,"无产阶级的运动是绝大多数人的、为绝大多数人谋利益的独立的运动",在未来社会"生产将以所有的人富裕为目的"。可见,共同富裕是马克思、恩格斯所设想的未来社会的重要特征。共同富裕也是自古以来我国人民的一个基本理想,更是几千年漫长岁月的期待和追求。消除贫困、改善民生、逐步实现共同富裕是社会主义的本质要求,是我们党的重要使命。党带领人民推翻三座大山,建立社会主义制度,推进改革开放伟大事业,就是为了解放、发展和保护生产力,就是为了逐步实现全体人民共同富裕。

新中国 70 多年来的发展特别是改革开放 40 多年的成就,为促进全体人民共同富裕创造了良好条件。新中国成立特别是改革开放以来,我们集中精力搞现代化建设,整个国家的发展都上了一个大台阶,打赢脱贫攻坚战,全面建成小康社会,中华民族迎来了从站起来、富起来到强起来的伟大飞跃,正向第二个百年奋斗目标迈进。2020 年,我国经济总量突破 100 万亿元大关,人均国内生产总值(GDP)连续两年超过 1 万美元,创造了经济快速发展和社会长期稳定的"中国奇迹"。当前,我国经济长期向好,物质基础雄厚,人力资源丰富,市场空间广阔,发展韧性强劲,社会大局稳定,虽然在收入分配、共同富裕方面还存在不少问题,但完全有条件进一步推动解决这些问题。

从中国和世界的历史经验启示看,至关重要的社会公平问题处理得好有利于社会稳定有序。"治国之道，富民为始。"缩小收入分配差距，对一个国家的长治久安非常重要，尤其对我们这样拥有14亿多人口的超大型国家至关重要。适应我国社会主要矛盾的变化，更好满足人民日益增长的美好生活需要，就要更加注重社会公平问题。社会公平问题处理得好，有利于全社会总体效率的提高，有利于开创全面建设社会主义现代化国家新局面。

推动全体人民共同富裕体现了推动高质量发展和实现高品质生活的雄心壮志。党的十八大以来，在以习近平同志为核心的党中央坚强领导下，我们国家大刀阔斧地推动脱贫攻坚和精准脱贫工作，使近1亿贫困人口实现了脱贫，困扰中华民族几千年的绝对贫困问题得到历史性解决，为决胜全面建成小康社会奠定了坚实基础。有了这样的基础，站在进入新发展阶段、落实新发展理念和构建新发展格局这样的时代高度，习近平总书记开始新的战略部署，强调"十四五"乃至更长时期，要坚持系统观念，加强前瞻性思考、全局性谋划、战略性布局和整体性推进，推进城乡居民收入普遍增长，让人们生活更加美好，更好地实现人的全面发展。

理解共同富裕取得更为明显的实质性进展的科学内涵

实现共同富裕不仅是经济问题，思考共同富裕不能局限于经济收入，要把人民群众获得感、幸福感、安全感考虑进来。要按照经济社会发展规律循序渐进，自觉主动解决地区差距、城乡差距、收入差距等问题。既要不断增加经济收入，又要实现精神是富有的、生态环境是友好的，实现人的全面发展和社会全面进步。

共同富裕，不是少数人的富裕，不是整齐划一的平均主义，不是没有差别的同步富裕、同等富裕、一样富裕，不是劫富济贫，不是养懒人，不是城乡和地区差异彻底消失。而是通过共同努力、共同奋斗、共同发展来共同分享整个国家进步的成果，也就是全民富裕、全面富裕、共建富裕、逐步富裕。前提是鼓励勤劳创新致富，靠勤劳实干兴邦，靠勤劳实干创造更多的物质财富。坚持在发展中保障和改善民生，为人民提高受教育程度、增强发展能力创造更加普惠公平的条件，畅通向上流动通道，给更多人创造致富机会，形成人人参与的发展环境。实现社会公平正义是由多种因素决定的，但最重要的还是经济社会发展水平。没有扎扎实实的发展成果，共同富裕就无从谈起。只有生产力高度发展了，物质财富的蛋糕做大才更好分配，也更有分配调整的回旋余地。

共同富裕既是奋斗的目标又是历史发展过程，要把握好尽力而为和量力而行、公平和效率的关系。要统筹需要和可能，把保障和改善民生建立在经济发展和财力可持续的基础之上，重点加强基础性、普惠性、兜底性民生保障建设。不能指望在很短的时间内就达到非常理想的状态，需要经过长时间的艰苦努力才有可能把事情办好。我们要对共同富裕的长期性、艰巨性、复杂性有充分估计，不能做超越阶段的事情，要量力而行，不能犯急于求成的毛病，不能脱离正处于并将长期处于社会主义初级阶段的实际情况，不能超越发展水平。同时也要认识到，我国处于社会主义初级阶段并不是说在逐步实现共同富裕方面就无能为力和无所作为，而是要把能做的事情尽量做起来，尽力而为解决面临的实际困难，不断朝着推动全体人民共同富裕的目标前进。

共同富裕要强调先富帮后富、先富带后富，树立全国一盘棋的社会主义价值风尚。共同富裕是我们的方向和目标，在迈进过程中总是会有一部分人、一部分地区先发展起来先富起来，总是会有一部分人、一部分地区处在一个相对落后状态，那么先富起来的人和地区，就有责任来帮助后发展起来的人和地区，形成先富带后富这样一个波浪式前进的局面。比如，中央通过转移支付等多种方式帮助落后地区发展，发达地区对口帮扶落后地区，鼓励辛勤劳动、合法经营、敢于创业的致富带头人帮扶落后地区，等等。其中，脱贫攻坚就是扎实推动全体人民共同富裕的标志性事件。这方面既要发挥市场在资源配置中的决定性作用，推动创造财富的智慧和动力源泉涌流，又要发挥好社会主义制度能够集中力量办大事的优势。

推动全体人民共同富裕要有系统观念，要从战略高度进行顶层设计和问计于民。共同富裕本身就是社会主义现代化的一个重要目标。我们要始终把满足人民对美好生活的新期待作为发展的出发点和落脚点，在实现现代化过程中不断地、逐步地解决好这个问题。要促进人民精神生活共同富裕，强化社会主义核心价值观引领，不断满足人民群众多样化、多层次、多方面的精神文化需求。要加强促进共同富裕舆论引导，为促进共同富裕提供良好舆论环境。推动全体人民共同富裕要从坚持和完善中国特色社会主义制度、进一步发挥中国特色社会主义制度优势、推进国家治理体系和治理能力现代化的高度思考这个问题，从全面建设社会主义现代化国家的高度把握这个问题。要抓紧制定促进全体人民共同富裕的行动纲要，对浙江高质量发展建设共同富裕示范区的经验要注重挖掘和总结，加快形成可复制可推广的经验。鼓励各地因地制宜探索有效路径，总结经验，逐步推开。

积极探索共同富裕取得更为明显的实质性进展的实现路径

共同富裕是一项系统工程和一连串事件，要坚持以人民为中心的发展思想，正确处理效率和公平的关系，促进社会公平正义，促进人的全面发展，在高质量发展中促进共同富裕。必须立足新发展阶段，贯彻落实新发展理念，紧盯全面建设社会主义现代化国家的前进方向，坚持和完善社会主义基本经济制度，牢牢把握"两个毫不动摇"，加快完善社会主义市场经济体制，提高发展的平衡性、协调性、包容性，调动方方面面创新发展的积极性、主动性，加快构建目标明确、方向一致、相融相济、科学合理的体制机制和政策体系，构建初次分配、再分配、三次分配协调配套的基础性制度安排，加大税收、社保、转移支付等调节力度并提高精准性，形成中间大、两头小的橄榄型分配结构，使全体人民朝着共同富裕目标扎实迈进。

深化初次分配制度改革，增强初次分配的公平性。初次分配制度直接影响分配秩序和分配结果，对实现共同富裕具有最为直接的重要影响。深化初次分配制度改革，一要合理安排劳动、资本和财政收入在国民收入中的比例，发挥财税和金融资源的调配作用，稳步提高居民收入在国民收入分配中的比重。二要完善工资形成和增长机制，提高劳动者报酬在初次分配中的比重，营造全社会崇尚劳动、勤劳致富的社会风尚。三要通过改善创业环境、发展多层次资本市场、推出多样化的理财工具等，拓展居民收入渠道，增加居民财产性收入。四要加强对高收入的规范和调节，依法保护合法收入，合理调节过高收入，清理规范不合理收入，整顿收入分配秩序，坚决取缔非法收入，保护产权和知识产权，保护合法致富，促进各类资本规范健康发展，缩小居民收入差距。五要培育中等收入阶层，提高中等收入群体的比重，可研究实施中等收入群体的倍增计划，巩固拓展脱贫攻坚成果，促进农民农村共同富裕，全面推进乡村振兴，推动更多低收入人群迈入中等收入群体行列。

深化再分配制度改革，加强再分配的调节性职能。一是完善税收制度，包括完善税种、合理确定各类税种的税基和税率、完善收入和财产的个人申报制度和税收监管制度、严格税收执法等。二是完善财政转移支付制度，进一步提高均衡性转移支付的规模和比重，构建以一般转移支付为主、专项转移支付为辅的模式。三是调整和优化财政支出结构，完善公共财政制度，把更多的财政资金投向公共服务领域，突出重点并加强薄弱环节。促进基本公共服务均等化，加大普惠性人力资本投入。四是建立覆盖城乡居民的社会保障体系，完善养老和医疗保障体系、兜底救助体系、住房供应和保障体系。对城乡保障项目、保障标准、保障资金、保障机构和法规建设进行全面而有效的整合。五是鼓励高收入人群和企业更多回报社会。完善有利于第三次分配的法律和法规、有效的民间组织监管机制、慈善捐赠的税收减免制度，积极发挥"第三次分配"对收入分配的调节作用。

深化社会配套制度改革，增强配套制度的保障性职能。保障性体制机制和政策体系涵盖经济社会各领域、各环节，主要包括党的全面领导制度、公平教育制度、充分就业体系、公共服务体系、公平竞争机制、城乡区域协调发展体制机制、公共财政制度、普惠金融制度等。保障性体制机制和政策体系对于分配起点、分配秩序、分配格局具有重要影响，是实现共同富裕的前提条件和重要保障。收入分配和共同富裕不仅仅是个人层面的分配结果，更是国家社会、城乡区域等各主体、各层面发展环境、发展条件、发展状况合力作用的结果。共同富裕离不开分配起点的公平化、分配秩序的有序化、城乡区域发展的协调化。

黄群慧 中国社会科学院经济研究所所长、中国社会科学院习近平新时代中国特色社会主义思想研究中心研究员

共同富裕是中国式现代化的重要特征

习近平总书记在中央财经委员会第十次会议上指出:"共同富裕是社会主义的本质要求,是中国式现代化的重要特征。"充分认识共同富裕这个中国式现代化重要特征的深刻内涵,对于全面理解中国共产党创造的中国式现代化新道路,坚持和发展中国特色社会主义,实现第二个百年奋斗目标,全面建成社会主义现代化强国,具有重要意义。

中国共产党成功创造了中国式现代化新道路

一个国家的现代化,通常表现为一个国家为达到世界先进、前沿和发达水平的发展过程。自18世纪70年代工业革命以来,工业化成为世界各国现代化的主旨,工业文明取代农业文明成为现代文明的主流和前沿。但在这一次现代化过程中,中国这个文明古国被甩在世界现代化进程的后面。1840年鸦片战争以后,中国逐步沦为半殖民地半封建社会,中华民族遭受了前所未有的劫难。近代以来,拯救中华民

族于水火之中、把中国建设成为现代化国家，成为众多仁人志士的伟大梦想。近代中国在历经众多失败的探索之后，是中国共产党带领中国人民成功开启并走上了现代化的中国道路。中国共产党一经诞生，就把为中国人民谋幸福、为中华民族谋复兴确立为自己的初心使命。在新民主主义革命时期完成了反帝反封建历史任务之后，中国共产党领导中国人民建立了新中国，为建设社会主义现代化国家、实现中华民族伟大复兴创造了根本社会条件，在人口众多、底子薄弱、经济落后的农业大国的基础上，锲而不舍、矢志不渝地推进了新中国的现代化进程。

新中国的现代化进程大体经历了三个时期。一是社会主义革命和建设时期，这一时期确立了社会主义基本制度，推进了社会主义建设，建立了独立的、比较完整的工业体系和国民经济体系，为中国式现代化新道路奠定了根本的政治前提和经济基础。二是改革开放和社会主义现代化建设新时期，开创了中国特色社会主义道路，中国经济在快速增长中创造了世界奇迹，形成了充满新活力的社会主义市场经济体制，实现了人民生活从温饱不足到总体小康、奔向全面小康的历史性跨越，中国式现代化新道路基本成型。三是中国特色社会主义新时代，全面建成小康社会，基本实现了工业化，实现了第一个百年奋斗目标，中国式现代化新道路的理论和制度体系日趋完善，物质基础更为坚实，全国人民对中国式现代化新道路更加自信。

一个国家的现代化是一个复杂的历史过程。虽然各个国家成为世界先进、达到发达水平的目标基本趋同，现代化进程中也遵循关于工业化、市场化、信息化、经济全球化的一些共同的规律，但从整体上看，并不存在一个标准的成功现代化模式或道路。先发的现代化国家的经验虽然对后发国家现代化道路的选择具有借鉴意义，但选择什么样的现代化道路，最终是由一个国家的具体国情决定的，成功的现代化道路一定是符合其基本国情的道路。中国式现代化新道路，是中国共产党将马克思主义普遍原理与中国具体国情进行有效结合形成的，是中国特色社会主义现代化道路。

1979年3月，邓小平明确提出："过去搞民主革命，要适合中国情况。""现在搞建设，也要适合中国情况，走出一条中国式的现代化道路。"邓小平用"小康之家"这个概念描述了中国式现代化的目标。1982年党的十二大首次提出，经济建设总的奋斗目标是到2000年人民的物质文化生活可以达到小康水平，这就把中国式现代化的目标首次综合表述为"小康"。1987年，党的十三大报告进一步把现代化战略部署分为"三步走"。在1997年的党的十五大报告中，首次规划了"两个一百年"奋斗目标。2002年党的十六大在确认实现了现代化建设"三步走"战略的第一步、第二步目标的基础上，提出在21世纪头20年全面建设惠及十几亿人口的更高水平的小康社会，明确了全面建设小康社会的奋斗目标。2017年党的十九大提出，从十九大到二十大，既要全面建成小康社会、实现第一个百年奋斗目标，又要乘势而上开启全面建设社会主义现代化国家新征程，向第二个百年奋斗目标进军。

全面建设社会主义现代化国家新征程又分为两个阶段的部署，第一个阶段从2020年到2035年，在全面建成小康社会的基础上基本实现社会主义现代化，第二个阶段从2035年到本世纪中叶，在基本实现现代化的基础上把我国建成富强民主文明和谐美丽的社会主义现代化强国。党的十九届五中全会又具体规划了第一阶段基本实现现代化的具体目标，提出了立足新发展阶段、贯彻新发展理念、构建新发展格局的要求。中国式的现代化，在实现了全面建成小康社会的目标后，正处于向第二个百年奋斗目标迈进的新发展阶段，比历史上任何时期都更接近、更有信心和能力实现富强民主文明和谐美丽的社会主义现代化强国目标。

共同富裕体现了中国式现代化新道路的目标要求和实现路径

现代化作为一个世界范围内的发展现象和发展过程，体现出自18世纪工业革命以来人类社会的总体发展趋势。中国式现代化不仅顺应了这一发展趋势，而且体现出鲜明的中国特色，其最为根本的特点是中国共产党领导的立足于世界第一人口大国这一国情的社会主义的现代化。这个根本的特点决定了，中国式现代化是人口规模巨大的现代化，是全体人民共同富裕的现代化，是物质文明和精神文明相协调的现代化，是人与自然和谐共生的现代化，是走和平发展道路的现代化。

全体人民共同富裕是中国式现代化的重要特征之一，这个特征使中国式现代化显著区别于西方资本主义国家的现代化。中国共产党领导的中国式现代化是社会主义的现代化，全体人民共同富裕是社会主义的本质要求。改革开放之初，邓小平在提出中国式的现代化时，也强调了共同富裕问题，提出"社会主义的本质，是解放生产力，发展生产力，消灭剥削，消除两极分化，最终达到共同富裕"，认为共同富裕是"社会主义的目的"、"社会主义的原则"和"社会主义最大的优越性"。党的十八大以来，习近平总书记反复强调，"共同富裕是中国特色社会主义的根本原则"，"我们追求的发展是造福人民的发展，我们追求的富裕是全体人民共同富裕"，要"让发展成果更多更公平惠及全体人民，不断促进人的全面发展，朝着实现全体人民共同富裕不断迈进"。因此，中国共产党领导的中国式现代化新道路，一定具有全体人民共同富裕这个重要特征，这内嵌于社会主义的本质、目标和原则之中，是社会主义制度优越性的重要体现。

共同富裕可以是一个状态或结果，也可以是一个过程或行为。作为一种状态或结果，共同富裕意味着全体人民都过上富裕美好的生活，是全社会所有人的整体富裕。共同富裕，与贫富悬殊的两极分化"反义"，与平均主义的"均富"不"同义"。共同富裕所描述的不是少数人富裕、贫富差距巨大的状态，也不是平均主义的同等富裕、一样富裕的情况。作为一个过程或者行为，共同富裕意味共同致富和共同发展，全体人民都有追求发展、勤劳致富的共同权利和机会，通过共同努力和共同奋斗的过程，最终实现全体人民的共同发展。共同富裕也不是没有差别的同步富裕，可以一部人先富裕起来，先富带动后富。

作为中国式现代化新道路的重要特征，共同富裕作为一种状态或结果，体现为中国式现代化的目标要求，作为一个过程或行为，体现为中国式现代化的实现路径。从目标要求看，习近平总书记指出："共同富裕本身就是社会主义现代化的一个重要目标。"中国式现代化新道路要求最终达到共同富裕这个目标，一方面是要实现社会生产力高度发展、社会全面进步的发达状态，即"富裕"；另一方面是要让现代化成果由全体人民共享，满足全体人民的美好生活需要，即"共同"。共同富裕作为中国式现代化新道路的目标要求，体现了中国共产党为全体人民谋福利的初心使命，也是建成社会主义现代化强国的重要衡量标准。从实现路径看，中国式现代化要求正确处理公平与效率的关系，以共享发展理念为指导，形成人人参与发展过程、人人享有发展成果的公平普惠的环境条件和制度体系，动态把握发展生产力与消除两极分化两方面的现代化战略任务，形成既有利于促进生产力发展又有利于缩小贫富差距的现代化政策体系。

推动全体人民共同富裕取得更为明显的实质性进展

习近平总书记在庆祝中国共产党成立100周年大会上庄严宣告，我们实现了第一个百年奋斗目标，在中华大地上全面建成了小康社会，历史性地解决了绝对贫困问题，正在意气风发向着全面建成社会主义现代化强国的第二个百年奋斗目标迈进。这表明，中国共产党开创的中国式现代化进程步入了一个新发展阶段，按照《中共中央关于制定国民经济和社会发展第十四个五年规划和二〇三五年远景目标的建议》的要求，到2035年人的全面发展、全体人民共同富裕要取得更为明显的实质性进展。因此，在新发展阶段，推动全体人民共同富裕取得更为明显的实质性进展，成为推进中国式现代化、实现第二个百年奋斗目标的一项重大战略性任务。要实现这个任务，必须把握好以下两方面的政策思路。

一方面，保持经济增速处于合理区间，实现2035年人均国内生产总值达到中等发达国家水平的经济增长目标。实现共同富裕首先要保证"富裕"。中国现在是中等收入国家，要通过持续深化改革开放来不断解放和发展生产力，通过创新驱动保证经济增长处于合理区间，才能不断提升"富裕"水平、增强持续做大"蛋糕"的能力。基于现代化规律，一个经济体到工业化后期和后工业化阶段，经济潜在增速便开始下降。根据人口预测模型、资本存量估算、全要素生产率计算等测算结果，我国经济增长还有足够潜力，有能力到2035年人均

GDP基本达到中等发达国家水平。但也要看到，这一发展潜力的基础还有待加强。为此，在新发展阶段，既要保证宏观经济政策的稳定性和连续性，促进供给侧结构性改革与需求侧管理有效协同，以实现经济的潜在增长率；又要通过深化体制机制改革和实施高水平开放，提高科技创新水平和高水平自立自强能力，进一步畅通国民经济循环，不断提升经济潜在增长率。

另一方面，以完善分配格局为重要抓手，在促进高质量发展与构建新发展格局中推动共同富裕。新发展阶段，我国社会主要矛盾是人民日益增长的美好生活需要和不平衡不充分的发展之间的矛盾，提高发展的平衡性、协调性、包容性，实现高质量发展，是新发展阶段深化中国式现代化进程的关键。具体到分配领域，需要关注以下内容：进一步提高居民可支配收入和劳动报酬在初次分配中的份额，继续缩小行业收入差距、城乡收入差距；深化分配体制改革，一次分配注重经济增长的包容性和协调性，二次分配聚焦公平公正，三次分配强化企业社会责任；提高社会流动性，逐步提升全体人民收入水平、财富存量水平，中等收入群体显著扩大。完善分配格局不仅会直接促进共同富裕有实质进展，也会促进以居民消费为主体的内需格局的形成，有利于加快构建新发展格局。

魏后凯 中国社会科学院农村发展研究所所长、研究员，中国社会科学院大学教授

从全面小康迈向共同富裕的战略选择

一、中国现代化进程中的两次飞跃

随着居民生活水平的提高和消费结构的变化，社会形态也将会不断发生变化，从一种较低级的社会形态过渡到一种较高级的社会形态。国内外的经验表明，按照居民消费和生活水平的划分标准，社会形态大体经历了从贫困型、温饱型到小康型再到富裕型的阶段变化。在新中国成立以后相当长一段时期内，中国都处于贫困型和温饱型社会，居民消费以满足吃、穿等基本生活消费为主要特征。特别是，受城乡分割和传统计划体制的束缚，加上重工轻农、重城轻乡的发展导向，中国农村曾经一度整体发展落后，农民收入和生活水平低，农村人口呈现普遍贫困的状况。到1978年，按当时农村贫困标准即1978年标准测算的全国农村贫困人口数量多达2.5亿，贫困发生率达30.7%，农村居民家庭恩格尔系数达到67.7%，甚至比1957年还高2.0个百分

点,出现了逆向变化趋势;按现行农村贫困标准即 2010 年标准测算的全国农村贫困人口高达 7.7 亿,贫困发生率达 97.5%,这些农村贫困人口相当于当年全国总人口的 80.0%。这说明,直到改革开放初期,中国农村人口仍处于普遍贫困状态。

为了改变这种贫困落后状况,改革开放初期,邓小平在阐述"中国式的现代化"时就率先提出了建设小康社会的构想,这一构想后来被逐步纳入国家战略。1982 年,党的十二大率先把小康作为主要奋斗目标,明确提出到 20 世纪末,人民的物质文化生活"达到小康水平"。1987 年,党的十三大正式把小康提升到国家战略,并将到 20 世纪末"人民生活达到小康水平"作为"三步走"发展战略的第二步目标。1997 年,党的十五大又提出了"建设小康社会"的历史新任务。到 2000 年,经过 20 多年的改革开放和持续高速增长,中国已经如期实现了小康目标,按不变价格计算的国内生产总值和国民总收入分别比 1980 年增长 5.55 倍和 5.48 倍,均超过了翻两番的预定目标,人均国内生产总值达到 959 美元,按 1978 年标准农村贫困人口下降到 3209 万人,贫困发生率下降到 3.5%,人民生活总体上达到了小康水平,使占世界 1/5 的人口顺利进入总体小康社会,实现了从温饱到小康的飞跃。

然而,当时实现的这种总体小康仍是一种"低水平的、不全面的、发展很不平衡的小康"[1]。针对这种状况,2002 年,党的十六大提出了"全面建设小康社会"的目标任务,明确在 21 世纪头 20 年,全

---

[1] 江泽民:《全面建设小康社会,开创中国特色社会主义事业新局面——在中国共产党第十六次全国代表大会上的报告》,《求是》2002 年第 22 期。

面建设惠及十几亿人口的更高水平的小康社会,力争实现国内生产总值翻两番,使人民过上更加富足的生活。2007年,党的十七大首次提出了到2020年实现全面建成小康社会的奋斗目标,人均国内生产总值比2000年翻两番。2012年,党的十八大再次强调要确保到2020年实现全面建成小康社会宏伟目标,国内生产总值和城乡居民人均收入比2010年翻一番。2017年,党的十九大又将打赢脱贫攻坚战作为决胜全面建成小康社会的三大攻坚战之一,习近平总书记强调要"让贫困人口和贫困地区同全国一道进入全面小康社会"①。从"建设小康社会"到"全面建设小康社会"再到"全面建成小康社会",既反映了中央政策继承和创新的有机统一,又反映了人们对小康社会科学内涵理解的不断深化。

特别是自2007年以来,中国政府按照"五位一体"总体布局和"四个全面"战略布局,统筹推进经济建设、政治建设、文化建设、社会建设和生态文明建设,经过10多年的艰辛努力,到2020年10月全面建成小康社会已经取得决定性进展和历史性成就,目标任务如期实现。在全面建成小康社会的目标任务中,打赢脱贫攻坚战是一个底线任务。截至2019年底,按照2010年标准全国农村贫困人口已经减至551万人,贫困发生率下降到0.6%,贫困县由832个减至52个。从2013年到2019年,贫困地区农民人均可支配收入年均实际增长9.7%,比同期全国农民人均可支配收入增速高2.2个百分点。2020年,虽然新冠肺炎疫情的暴发加大了脱贫攻坚的难度,但由于各部门和各地区

---

① 习近平:《决胜全面建成小康社会 夺取新时代中国特色社会主义伟大胜利——在中国共产党第十九次全国代表大会上的报告》,《人民日报》2017年10月28日。

采取了多方面积极措施，尽可能减少疫情的冲击和影响，如期实现脱贫攻坚目标任务是有保障的。再从经济增长目标来看，如果按照不变价格计算，2019年全国国内生产总值是2010年的1.90倍，要实现党的十八大提出的翻一番目标，2020年增长速度需要达到5.5%[①]，在新冠肺炎疫情影响下具有较大难度。但是，2019年全国人均国内生产总值是2000年的4.67倍，实际上已经提前实现了党的十七大提出的翻两番目标。此外，按可比价格计算，2019年全国城乡居民人均可支配收入是2010年的1.97倍，2020年增速只要达到1.8%就可以实现翻一番的目标[②]，其中，2019年农村居民人均可支配收入是2010年的2.04倍，已经提前实现了翻一番目标。

随着全面建成小康社会目标任务的实现，中国整体进入全面小康社会。所谓全面小康社会，是指小康建设所覆盖的领域、人口和区域都是全面的。从小康的覆盖领域看，主要体现为经济、政治、文化、社会和生态文明等领域的全面发展，而不是经济领域的单方面发展；从小康的覆盖人口看，小康建设需要全部覆盖不同类型的人群，惠及14亿多人的广大民众；从小康的覆盖区域看，不仅沿海发达地区，而且广大中西部和老少边穷地区也要同步迈入全面小康社会。这就是说，在全面小康路上"一个都不能少，一个都不能掉队"，要让全国各族人民、老少边穷地区群众、贫困家庭同全国人民一道共同迈入全面小康社会。总之，改革开放40多年来，中国经济社会发展取得了辉煌的成就，在过去已经实现从温饱到小康的飞跃的基础上，目前又

---

① 2020年经济增长2.3%，见《国家统计局局长就2020年全年经济运行情况答记者问》，国家统计局网站2021年1月18日。
② 2020年全国居民可支配收入实际增长2.1%。

将实现从总体小康到全面小康的新的历史性飞跃。全面建成小康社会目标任务的实现，标志着中国跨越全面小康社会的门槛，真正建成并整体迈入全面小康社会，使千百年来中国人民梦寐以求的社会理想最终成为现实，这是中国对人类发展作出的巨大贡献，充分体现了中国的制度优势和中国智慧。

二、构建具有中国特色的富裕社会

在全面建成小康社会目标实现之后，中国将处于什么发展阶段，属于何种社会形态？目前，越来越多的学者开始使用"后小康"这一术语，并从不同视角探讨"后小康"时代的发展问题。早期，曾有学者采用"后小康"概念来描述中国在进入小康社会之后的发展阶段，即从小康的起点标准到富裕阶段的时间段。中央提出"全面建设小康社会"特别是"全面建成小康社会"目标之后，学术界通常从广义的角度把"后小康"理解为全面建成小康社会之后，而把"后小康时代"泛指为全面建成小康社会之后的发展阶段。当然，也有学者在探讨全面建成小康社会之后的发展时，采用"后小康社会"的概念。如前所述，全面建成小康社会之后，中国刚刚迈入全面小康社会，并将在全面小康社会持续较长一段时间。无论是总体小康还是全面小康，都是小康社会的重要阶段。从这一点上讲，学界使用的"后小康社会"概念实际上主要是指全面小康社会。一般认为，小康社会之后将是发达、富足、包容的富裕社会。因此，"后小康时代"是指实现全面建成小康社会目标后向富裕社会迈进的过渡阶段，也是由小康社会向富裕社会迈进的必然阶段。在这一过渡阶段，整个社会仍将处于全面小康社会。只有越过这一阶段，社会才能进入富裕时代。

全面小康社会是相对于总体小康社会而言的，它是小康社会的高级阶段，也是由小康社会走向富裕社会的转型阶段（见表1）。2020年实现全面建成小康社会的目标任务，只是中国整体迈入全面小康社会的起点。在进入全面小康社会之后，中国的现代化建设将面临两大核心任务：一方面需要继续巩固全面小康成果，进一步提高全面小康水平和质量，使人民生活更加宽裕；另一方面需要加快实现从全面小康向相对富裕的转变，基本实现社会主义现代化目标。这两大核心任务是一个问题的两个方面，二者紧密相连、相互促进。很明显，从全面小康社会过渡到富裕社会无疑将经历一个较长的过程，仍需要在各

表1　改革开放以来中国社会发展阶段的变迁与展望

发展阶段		时间段	人民生活状况	发展目标
温饱型社会		2000年以前	生活水平低，属温饱型消费	人民生活达到小康水平，建设小康社会
小康社会	总体小康社会	2001—2020年	已解决温饱问题，人民生活相对宽裕	全面建成小康社会，实现领域、人口和区域全覆盖
	全面小康社会	2021—2035年	人民生活总体宽裕	基本实现社会主义现代化，人均国内生产总值达到中等发达国家水平，人民生活更为宽裕
富裕社会	相对富裕社会	2036—2050年	人民生活较为富足	建成富强民主文明和谐美丽的社会主义现代化强国，基本实现共同富裕
	共同富裕社会	2050年之后	人民生活富足、包容，实现共同富裕	全面实现普遍繁荣和共同富裕

个方面进行不懈努力。按照世界银行在《世界发展指标 2016》中的划分标准，如果 2014 年人均国民总收入在 12736 美元及之上，就属于高收入国家和地区。2019 年，中国人均国民总收入已经超过 1 万美元，达到 10235 美元。预计在"十四五"中后期，中国将迈入高收入国家行列。如果从"十四五"时期到"十五五""十六五"时期，中国人均国民总收入分别按照年均增长 5.5%、5.0% 和 4.5% 的速度递减，那么到 2024 年中国人均国民总收入将超过 1.3 万美元，越过高收入国家的门槛，到 2033 年将超过 2.0 万美元。需要指出的是，高收入国家并不等同于发达国家，进入高收入国家行列也并非进入了富裕社会。富裕社会除了收入标准和物质富裕外，精神富裕和社会公正等也是重要的衡量标准。

"富裕社会"（Affluent Society）是美国制度经济学家加尔布雷思在 20 世纪 50 年代提出的一个概念，最初的含义是指摆脱普遍贫困的大多数人物质生活丰裕的社会。尽管这种"富裕社会"呈现出历史上从未有过的物质富裕，但仍然存在社会不平等、发展失衡问题，具体表现为私人富裕和公共贫困的反差、私人消费领域符号化消费严重、真实而重要的公共需求得不到满足。英国社会学家丹尼·多林在《不公正的世界》一书中，认为当今"富裕社会"的本质是"不公正"，且具有新五大弊病，即精英主义、排斥、歧视、贪婪、绝望，由此产生了问题少年、受排斥的人、被抛弃的人、负债的人及抑郁症患者等受害群体。美国学者马尔库塞则把这种"富裕社会"称为"物质丰富、精神痛苦"的"病态社会"，他认为物质积聚带来的并不是人的自由、全面发展，而是极端的精神堕落和不自由。很明显，这里所讲的欧美"富裕社会"只是一种物质上的、不公正的富裕社会。

共同富裕是社会主义的本质属性。中国作为一个社会主义国家，完全有能力克服欧美"富裕社会"的种种弊端，寻求并努力实现一种全面、公正、共享的富裕社会（Prosperous Society）。所谓"全面"，不单纯是物质上的富裕，更包括精神上的富裕，是指经济、政治、文化、社会和生态文明建设的全方位进步；所谓"公正"，就是坚持以人民为中心，让每个人都能够感受到公平正义；所谓"共享"，则是追求普遍性繁荣，走共同富裕之路，能够让最广大民众共享发展成果。这种中国特色的富裕社会，大体可分为相对富裕社会和共同富裕社会两个阶段。其中，共同富裕社会是富裕社会的高级阶段，它是我们追求的最终目标。党的十九大明确提出了"两个阶段"的战略安排，即到2035年基本实现社会主义现代化，人民生活更为宽裕；到21世纪中叶建成富强民主文明和谐美丽的社会主义现代化强国，基本实现全体人民共同富裕。与此相适应，可以大致界定，到2035年基本实现现代化时，中国将总体上迈入相对富裕社会；到21世纪中叶建成社会主义现代化强国时，中国将总体上迈入共同富裕社会的门槛。这样的话，从2021年到2035年，中国仍将处于全面小康社会。这一时期，将是从全面小康迈向共同富裕的关键时期。

三、提高全面小康质量仍需继续努力

在由小康社会向富裕社会转型的过程中，中国需要始终瞄准现代化目标，进一步巩固夯实全面小康成果，着力提高全面小康水平和质量，为最终建成中国特色的共同富裕社会奠定坚实基础。在全面建成小康社会之后，为什么还要进一步提高全面小康水平和质量？这是因为，小康社会是温饱社会与富裕社会之间的过渡阶段，虽然当前中国实现了全面建成小康社会目标,但依旧处于小康社会发展阶段,还属于发展中国家,并没有跨越富裕社会的门槛,其经济社会发展水平仍然较低,发展不充分不平衡的问题依然突出。无论从发展阶段还是从全面小康的短板和薄弱环节以及沿海地区的经验来看,中国在实现全面建成小康社会目标之后,仍需要在一段时期内持续提高全面小康水平和质量,并逐步积聚力量,推动全面小康社会向相对富裕社会迈进。

从发展阶段来看,在进入"后小康"时代相当长一段时期内,中国仍将处于小康社会发展阶段。2020年实现全面建成小康社会目标,标志着中国整体上告别现行标准下的绝对贫困,在解决温饱和实现总体小康的基础上,真正整体迈入了全面小康社会。即便如此,在今后较长一段时期内,中国仍将处于社会主义初级阶段,属于发展中国家的性质并没有改变。与一些发达国家相比,目前中国在经济发展、社会进步和民生福祉等方面都具有较大差距,远不能适应社会主义现代化建设的需要和人们对美好生活的期盼。譬如,从经济发展来看,虽然自2010年以来中国国内生产总值已经超过日本,位居世界第二,2018年达到13.61万亿美元,但由于人口较多,人均国内生产总值仅有9771美元,在192个国家和地区中仅列第71位;中国人均国内生产总值比世界平均水平低13.5%,仅相当于高收入国家平均水平的21.9%。再从各种发展指数来看,根据《国际统计年鉴 2019》提供的数据,尽管2019年中国全球竞争力指数(居28位)和全球创新指数(居14位)排名比较靠前,但2018年人类发展指数、2019年全球化指数、2016—2018年幸福指数分别仅居85位、80位和93位,均处于中等水平。

从发展的不平衡不充分看,全面小康建设还存在一些短板和薄弱环节。其中，农村地区是最突出的短板。2020年中国社会科学院农村发展研究所课题组采用经济发展、人民生活、社会发展、政治民主、农村环境领域的5个一级指标和23个二级指标进行初步评价的结果表明，2017年农村全面建成小康社会的实现程度为90.01%，比2010年提高19.25个百分点，平均每年提高2.75个百分点，按照现有推进速度，虽然到2020年底可以总体实现农村全面小康目标值，但在人民生活、社会发展、农村环境等领域仍存在一些突出短板和薄弱环节。尤其是农村贫困地区，即使现有标准下农村贫困人口实现脱贫，贫困县全部摘帽，但由于现行贫困标准不高，贫困家庭内生动力不足，要全面提高脱贫质量，减缓相对贫困仍需要长期不懈努力。中国现行的农村贫困标准只是一条满足"不愁吃、不愁穿"的稳定温饱标准，按2011年购买力平价计算约相当于每天2.3美元，虽然高于世界银行2015年发布的每天1.9美元极端贫困线，但低于每人每天3.2美元的中等偏下收入国家的贫困线，更低于每人每天5.5美元的中等偏上收入国家贫困线（见表2）。事实上，中国人均国民总收入已经越过中等偏上收入国家的门槛，进入中等偏上收入国家行列。2018年，中国人均国民总收入比中等偏上收入国家平均值大约高6.9%。

更重要的是，中国的城乡区域发展差距仍然较大，实现城乡区域协调发展任务十分艰巨。与城市相比，目前农村地区实现的全面小康水平仍然较低，城乡收入和消费水平差距仍然较大。自2007年以来，尽管中国城乡居民人均可支配收入之比出现了持续下降趋势，2019年已经下降到2.64∶1（以农村为1），但还处于高位，仍远高于1985年1.86∶1的水平（见图1）。在甘肃、贵州、云南等西部落后地区，2019年城乡收入比仍在3.0∶1以上。城乡居民消费水平之比自2000

表 2 中国经济发展水平和贫困线国际比较

国家类型	2014年人均国民总收入及划分标准（美元）	2011年左右国家贫困线		2012年人均国民总收入		2018年人均国民总收入	
		（中位数，美元）	倍数	美元	倍数	美元	倍数
中国	7400	2.3	1.0	5740	1.0	9470	1.0
低收入国家	≤1045	1.9	1.21	584	9.83	790	11.99
中等偏下收入国家	1046—4125	3.2	0.72	1877	3.06	2245	4.22
中等偏上收入国家	4126—12735	5.5	0.42	6987	0.82	8859	1.07
高收入国家	≥12736	21.7	0.11	37595	0.15	44166	0.21

资料来源：根据 World Bank（2013，2016，2018）和《国际统计年鉴 2019》计算。

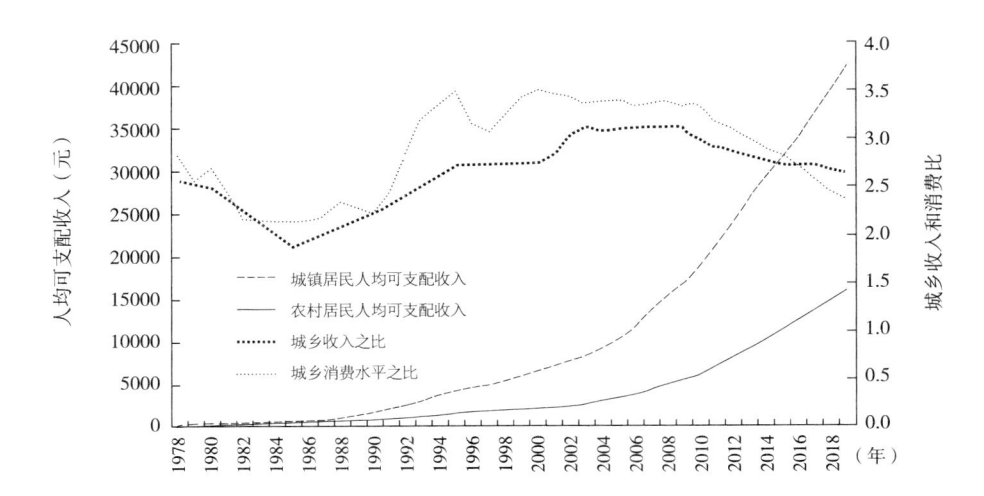

图 1 中国城乡居民收入和消费水平差距的变化（1978—2018 年）

资料来源：《中国统计摘要 2020》。

年以来也在持续下降，2019 年已下降至 2.38∶1，但仍高于 20 世纪 80 年代中后期的水平。再从地区差距看，2019 年，人均地区生产总值最高的北京是最低的甘肃的 5.0 倍，居民人均可支配收入最高的上海则是最低的甘肃的 3.63 倍，而北京城镇居民人均可支配收入则是甘肃农村居民人均可支配收入的 7.67 倍。

从沿海发达地区的情况看，浙江、江苏等地的先行探索为全国积累了丰富的经验。早在 2015 年，浙江省委就提出了"高水平全面建成小康社会"的目标任务，并把"高水平"概括为综合实力更强、城乡区域更协调、生态环境更优美、人民生活更幸福、治理体系更完善。继浙江之后，2016 年江苏省委也明确提出"高水平全面建成小康社会，努力建设经济强、百姓富、环境美、社会文明程度高的新江苏"，把发展水平更高、群众获得感更强作为高水平全面建成小康社会的核心要义。中国各地区发展水平差异较大，2019 年，北京、上海人均地区生产总值已超过 2.2 万美元，江苏、浙江、福建等也超过 1.5 万美元，而最低的甘肃还不到 5000 美元。即使未来按照 2016—2019 年全国人均国内生产总值的平均增速（6.15%）增长，全国要达到江苏和浙江目前的水平，也分别需要 9.3 年和 7.0 年；甘肃要达到江苏和浙江目前的水平，则分别需要 22.1 年和 19.8 年。事实上，随着中国经济发展的转型，近年来各地经济增速已经在逐步放缓。另据采用《江苏高水平全面建成小康社会指标体系》的精简版进行测算，2016 年江苏省高水平全面建成小康社会综合实现程度为 96.2%，浙江为 89.4%，广东为 86.0%，而全国平均仅有 63.8%，比江苏省低 32.4 个百分点。即使按照 2015—2016 年江苏省年均提高 3.15 个百分点的速度推进，全国要达到目前江苏省的全面小康水平也需要 10 年左右的时间。因此，从沿海地区的经验来看，在今后一段时期内，继续巩固全面小康成果，提高全面小康水平和质量依然是十分必要的。

四、加快从小康社会向富裕社会转型

从全面小康到相对富裕再到共同富裕，最终建成具有中国特色的共同富裕社会，将是一项长期的艰巨任务。根据"两个阶段"战略安排，到 21 世纪中叶，中国不仅要建成富强民主文明和谐美丽的社会主义现代化强国，而且要基本实现全体人民共同富裕。从这一点上讲，中国建成社会主义现代化强国的过程也就是总体上建成共同富裕社会的过程。而要实现建成共同富裕社会的长远目标，首先必须打牢全面小康社会的基础，重点是补齐短板和薄弱环节，切实提高全面小康水平和质量，并在此基础上，按照基本实现现代化的要求，以高质量发展为导向，以高品质生活为目标，以高效能治理为手段，以全方位创新

为动力，加快实现由全面小康社会向相对富裕社会的转变。在实现这种转型的过程中，高质量发展、高品质生活和高效能治理是重要标志，而全方位创新则是根本动力。

一是以高质量发展为导向。当前，中国经济已经由高速增长阶段转向高质量发展阶段。高质量发展是一种体现新发展理念，能够很好满足人民日益增长的美好生活需要，并实现发展方式转变、经济结构优化、增长动力转换的发展。在进入全面小康社会之后，随着经济发展阶段的转变和人民生活水平的提高，高质量发展将成为未来较长一段时期内中国经济发展的基本导向和根本要求。为此，必须始终坚持以高质量发展为导向，建立完善高质量现代化经济体系，筑牢推动高质量发展的强大支撑体系，尤其是推动高质量发展的指标体系、政策体系、标准体系、统计体系、绩效考核、人才支撑等，积极探索高质量工业化和城镇化之路，构建城乡区域高质量协调发展的新格局。在新发展理念下，高质量发展的核心要义就是要坚持质量第一、效率优先，依靠创新和开放全面提高发展质量，全面增进人民福祉，实现更高质量、更有效率、更加公平、更可持续、更为安全的发展。尽管高质量发展这一概念是在谈及经济发展转型时提出来的，但它具有更为丰富的科学内涵，体现了以人民为中心和全面发展的思想，而并非仅仅局限于经济高质量发展领域。除了高效率发展之外，强调平等、可持续和安全的协调发展、绿色发展和安全发展也是高质量发展的应有之义。

二是以高品质生活为目标。全面提高城乡居民生活质量和水平，使全体人民能够充分享受高品质的生活，拥有更多更好的获得感、幸福感和安全感，始终是我们追求的核心目标之一。高品质的生活，不单纯体现为整体的生活品质高，而且包含了公平和共享的含义，能够让更广大的民众最大限度地共享改革和发展成果，实现社会公平正义。进入后小康时代，在推进社会主义现代化强国建设过程中，必须围绕全面提升生活质量这一目标，加快推动实现由全面小康向相对富裕进而向共同富裕的转变。首先，要以提升全民健康水平为核心，始终把人民健康放在优先发展战略位置，全面推进健康中国建设。其次，要持续提升城乡居民收入和消费水平，不断改善收入分配，多渠道促进居民消费稳定扩大和加快升级。在改善收入分配中，最重要的是缩小不同群体之间、城乡区域之间的收入差距，提高中等收入阶层的比重。最后，还要全面改善人居环境，尤其是补齐农村人居环境的短板，加快推进农业投入品减量增效、畜禽粪便和秸秆资源化利用、农村垃圾污水处理和村庄生态化整治。

三是以高效能治理为手段。推进国家治理体系和治理能力现代化是中国现代化建设的重要组成部分，也是构建中国特色的共同富裕社会的核心内容。党的十九届四中全会对未来推进国家治理体系和治理能力现代化的总体目标、重点任务和关键举措进行了全面安排部署，开启了新时代"中国之治"的新征程。加快推进国家治理体系和治理能力现代化，必须全面提高国家治理能力和治理水平，增强治理的有效性，实现高效能治理，走中国特色的善治之路。高效能治理或者治理有效，是衡量国家治理体系和治理能力现代化的重要标志。要依靠高效能治理促进高质量发展，加快推动实现由小康社会向富裕社会的转变。在这种转型的过程中，首先必须充分发挥制度优势，全面提高治理效能。同时，要加大力度补齐治理体系中的突出短板，强化各领域的薄弱环节，进一步完善国家治理体系，尽快弥补各短板和薄弱环节的治理能力缺口。特别是要进一步强化乡村治理体系建设，着力推进乡村治理能力现代化，尽快填补乡村治理能力的缺口。此外，要广泛吸引民众参与，积极探索形式多样的社会治理共同体，加快构建共建共治共享的社会治理新格局。

　　四是以全方位创新为动力。创新是引领发展的第一动力，也是实现由小康社会向富裕社会转型的根本源动力。为此，必须把创新摆在发展全局的核心位置，要依靠全方位创新推动新旧动能加速转换，促进质量变革和效率变革。首先是更新观念，要超越过于强化物质生活内容的狭隘思维，不仅要实现物质上的富裕，更要实现精神上的富裕，真正把人的全面发展、社会公正以及提高人民的获得感、幸福感、安全感放在更加重要的位置。其次是科技创新，要充分利用新一轮科技革命的机遇，全面提高关键领域的原始创新、集成创新和引进消化吸收再创新能力，逐步形成与社会主义现代化强国和共同富裕社会建设相适应的现代科技创新体系，为加快实现由小康社会向富裕社会转型提供强有力的科技支撑。最后是体制创新，要以市场化改革为导向，全面深化经济、政治、文化、社会和生态文明领域的体制改革，持续激发全社会创造力和市场活力，推动形成内生发展型的共同富裕和普遍繁荣格局。

共同富裕

内涵篇

刘尚希 郁建兴 任杰 吴忠民 刘培林 钱滔 黄先海 董雪兵 郑永年 邵一龙 李义平

刘尚希 中国财政科学研究院党委书记、院长

促进共同富裕应全面融入人的
现代化过程之中

实现共同富裕是我国社会主义制度的本质要求。习近平总书记在庆祝中国共产党成立100周年大会上发表重要讲话时强调，新的征程上，着力推动人的全面发展、全体人民共同富裕取得更为明显的实质性进展。

共享发展成果，促进共同富裕，既是一个经济问题，也是一个政治问题。贫穷不是社会主义，两极分化也不是社会主义。这意味着建设社会主义首先要解放和发展生产力，实现富裕起来，同时在富裕起来的过程中避免两极分化。这是坚持和发展中国特色社会主义制度的题中应有之义。作为发展中大国，我国人均国民生产总值刚刚跨过1万美元大关，不能算富裕国家。同时，我国基尼系数在世界排名并不低，收入差距较大。防止贫富差距进一步扩大是当前及今后的硬任务。促进共同富裕，不是走向平均主义，以财富的平均程度来衡量，

而是走向人的现代化，以群体性的能力差距缩小为标志。只有围绕"人"来做文章，才能找到促进共同富裕的钥匙。

如何理解"共同富裕"

共同富裕是人类文明发展中的难题，迄今为止，还没有任何一个国家完美地解决这个问题。从经济学角度来看，共同富裕是指包括财产、收入在内的物质财富生产和分配的问题。从社会发展的角度来看，共同富裕的实质是指人自身的发展问题。如果只是在物质财富的生产和分配上做文章，不落到人的发展、所有人的发展上，那么共同富裕只是分配政策的目标，仅仅具有短期意义。从发达国家的历史经验来看，仅仅依靠分配政策的调整不能逆转贫富差距扩大的基本趋势。

不要以为社会的物质生产和分配在一定时期合意了，人的发展、所有人的发展也就自然实现了。这是一种确定性思维、线性思维的认识。物质生活条件只是人自身发展的基础，并不等于人的发展。人的发展体现在人的主体性、创造性和文明性上。物质文化生活水平的提高，并不等于人的素质和能力的自然提升。

现代化的核心是人的现代化。社会主义的内在价值追求是人自身发展上的平等机会，物质生活条件上的基本平等仅是一个手段或实现路径。因此，共同富裕的本质是所有人的共同发展，而不是物质财富上的均贫富。历史告诉我们，均贫富并不能实现所有人的共同发展，甚至可能使发展陷入停滞不前的境地。历史上的"社会实验"结果已经表明了这一点，这与社会历史条件及其变化密切相关。

在物质匮乏的年代，追求生产增长，解决人的生存所需（吃饱穿暖），可以视为促进了人的发展。但随着人均收入水平不断提高，物质财富生产与分配对人的自身发展的偏离就会越来越大。或者说，物质的发展远快于人自身的发展，更不要说所有人的全面发展。在实现我国现代化的过程中，要防止的最大公共风险就在于物质财富发展中人的异化，也就是说，人被物质财富所支配，而不是人支配物质财富。

促进共同富裕与以人为核心的现代化是一体两面的关系，是一个长期愿景目标。不能简单地以基尼系数作为衡量共同富裕是否取得实质性进展的指标。

促进共同富裕的基本理论逻辑

从世界历史来看，促进共同富裕的基本逻辑一直困在效率与公平的冲突之中。在两极分化的年代，均贫富曾是追求共同富裕的基本方式。从农民起义到工人运动，无一不是从分配上做文章。从生产成果的分配到生产条件的分配，反映出社会革命的深度、广度和烈度。这都是在人类文明进程中，追求共同富裕的探索。

中国特色社会主义道路是一条以马克思主义为指导思想、从中国实际出发的现代化道路。我国要转向人本逻辑，这与中国共产党坚持以人民为中心的发展思想高度吻合，与当前转向高质量发展和创新驱动的战略高度契合。人本逻辑的要义是彰显人的主体性、创造性和文明性，形成新的螺旋式上升的社会发展逻辑（人的发展—物质发展—人的发展），以替代物本逻辑下的发展公式（物质发展—人的发展—物质发展），把人的发展作为手段、要素，把人的发展转变为发展的出发点和落脚点。

促进共同富裕的基本路径：保障所有人获得基本能力

转向社会发展的人本逻辑，意味着要将经济问题纳入社会整体来考虑。经济是社会的物质基础，但也只是社会的一部分，受制于社会的整体状态。

人的发展、所有人的全面发展，只有放到整个社会当中才能认识清楚，放在经济当中则只能看到一部分。观察物质财富的生产和分配，从整个社会来看，只是为人的发展、所有人的全面发展创造出一个必要条件，但不是充分条件。

共同富裕的充分条件是：社会要通过社会合力来保障所有的人获得基本能力。收入不能替代能力，收入差距缩小了也不等于能力差距就缩小了。能力来自社会消费过程。消费的可获得性涉及收入，但消费的可及性与收入无关。

消费是人的生产再生产过程，是人的发展过程，是人力资本积累的过程，是人的能力提升的过程，是为经济提供目的和创造条件的过程。消费包括私人消费和公共消费，二者应当合力满足每一个人的基本消费，达到基本营养、基本教育、基本医疗、基本住房，以保障每一个人获得基本能力。

国民基本能力普遍提升，起点公平、机会公平也就有了基础，同时为创新创业提供了广泛社会基础，为未来的可持续发展提供了动力，效率与公平的融合也就包含在其中了。促进共同富裕，要摆脱效率与公平、做"蛋糕"与分配"蛋糕"的困境，只有从物转向人，从财产和收入基准转向消费基准，才能真正做到从物本逻辑转向人本逻辑。

促进共同富裕面临的主要问题

从我国现实来看，人的发展既受制于经济即财产和收入问题，更受制于社会结构的分治状态。

从改革来看，我国虽然进入全面深化改革阶段，但改革的进展并不全面，这从根本上制约了我国的进一步发展和共同富裕。这体现在以下三个"二元"上。

一是所有制二元。全民所有制和集体所有制二元结构是历史形成的，作为经济基础，从根本上制约经济体制和社会体制改革深化。尽管在公共开支上、投资上不再局限于二元所有制，但土地市场、住房市场是二元的，人的社会身份是二元的，如农民不只是户籍身份，还有集体经济成员身份。城乡分治就是以二元所有制为基础的。农村土地、宅基地、农民住房、森林等产权制度改革在试图突破二元所有制带来的制约。

二是经济二元。这个概念是指传统落后的农业和现代先进的工业之间的关系。经济二元结构是发展中国家的普遍现象，通过市场化、工业化过程可以逐渐消除。但我国的经济二元结构不只建立在生产力基础之上，也建立在生产关系基础之上。

三是社会二元。在所有制二元基础上形成社会成员身份、基本权利的二元结构。在市场化过程中成为起点不公平、机会不公平的社会因素，也是社会分配中形成群体性差距，进而形成能力群体性差距的社会根源。群体性的家庭贫困的代际传递也会因此而形成。

这三个"二元"问题，从发展的底层逻辑上制约我国共同富裕的推进。

以改革的办法促进共同富裕

促进共同富裕，是坚持和发展中国特色社会主义制度当中的目标，是走好中国道路的一个基本标志。但此事急不得，也等不得。急不得，在于共同富裕首先依赖发展过程，包括物质发展和人的发展，都不是一夜之间的事情。等不得，在于实现双循环相互促进，扩大内需，构建新发展格局、创新驱动发展等，都依赖于共同富裕的边际改进。

群体性消费差距的缩小是当前的重中之重。私人消费与公共消费如何形成合力，以及既扩大短期的内需，又提升人的能力，改变社会预期，至关重要。其中，形成与能力、创新创业和就业相关的良好的分配预期，更是关键。社会的再分配预期需要淡化，人人参与、人人努力的初次分配预期需要强化。

从人的平等发展需要出发来推进各项改革，需要抓住以上三个"二元"结构来完善顶层设计，把经济改革、社会改革等各方面改革关联起来。只有形成关联，整体设计才能找出重点和分出轻重缓急。板块式的改革往往各自为政，使改革协同、系统集成的要求难以落地。

郁建兴　浙江工商大学校长、党委副书记，兼浙江省新型重点专业智库浙江大学社会治理研究院院长

任　杰　浙江大学公共管理学院博士生

共同富裕的理论内涵与政策议程 ①

　　实现共同富裕是社会主义的本质要求，是我们党矢志不渝的奋斗目标。党的十八大以来，习近平总书记从共产党执政规律、社会主义建设规律和人类社会发展规律的高度，在多个重要场合深刻阐述了扎实推动共同富裕的重大意义、本质要求、目标安排、实现路径和重大举措。党的十九届五中全会对扎实推进共同富裕作出重大战略部署。国家"十四五"规划和2035年远景目标纲要提出，"十四五"时期全体人民共同富裕迈出坚实步伐；到2035年，人的全面发展、全体人

---

　　① 本文为国家社会科学基金重大项目"政府培育发展社会组织的效应研究"（18ZDA116）的研究成果，本文写作还得到中央高校基本科研业务费专项资金资助。作者感谢浙江大学刘涛教授、林希萌同学以及浙江工商大学徐越倩教授在本文写作过程中提供的帮助和建议。

民共同富裕取得更为明显的实质性进展；支持浙江高质量发展建设共同富裕示范区。在高质量发展中扎实推动共同富裕已经成为当前我国的重大理论和实践议程。那么，什么是共同富裕？如何通过创新体制机制和政策体系推动共同富裕？当前最迫切、最重要的议程又是哪些？在新的形势下，我们迫切需要对这些"老问题"作出新回答。

一、共同富裕是发展性、共享性和可持续性的统一

历史上的均贫富思想和实践源远流长，但均以失败告终。马克思主义经典作家在吸纳和批判空想社会主义的基础上，揭示了资本主义私有制和共同富裕的内在矛盾，提出了共产主义阶段论。在共产主义第一阶段，社会已经不承认存在任何阶级差别，人们以劳动贡献换取生产生活资料；随着生产力的发展，集体财富的一切源泉都充分涌流之后，共产主义社会就进入了"各尽所能，按需分配"的高级阶段。[①]当前我国仍处于社会主义初级阶段，在马克思主义中国化和社会主义建设进程中，保护公民合法的私有财产已经被写进宪法，这决定了我们不能通过"削平"先富起来这个群体的财富来实现共同富裕，而只能通过"先富帮后富"，通过补齐社会弱势群体的"短板"，在增加社会总体财富和扩大中等收入群体的框架内实现共同富裕。

共同富裕也不能只是通过多征个人所得税、出台更多社会政策以及承诺过高的社会保障水平来实现。第二次世界大战后，西方主要国家普遍建立了惠及全民的福利体系。根据劳动力"去商品化"的程度不同，福利国家存在自由主义、保守主义、社会民主主义等多种模

---

① 参见《马克思恩格斯选集》第三卷，人民出版社2012年版，第365页。

式。① 其中，以"高税收、高福利"著称的北欧社会民主主义模式中的劳动力"去商品化"程度最高，近乎实现共同富裕的理想社会，但是由于北欧国家国土面积有限、人口稀少而不具有普遍意义。同时，即使在这些国家也已出现活力不足问题，跨国企业和资本外流影响了经济领域的"造富"能力。其他福利国家则面临一系列更严峻的挑战。

福利国家的发展模式可以为我国完善社会保障体系、推进共同富裕提供借鉴，但在制度和国情方面，"高税收、高福利"不适应中国的特殊国情。② 其中，最大的挑战源于财政的可持续性。中国推动共同富裕的行动路径应当主要基于中国丰富的经济社会实践及独特的国家与社会关系。

综上所述，我们可以大致勾勒出在当代中国推动共同富裕的几个关键元素：发展性、共享性和可持续性。

第一，发展是实现共同富裕的前提。共同富裕首先要富裕。历史上诸种社会理想都是在物质、文化、技术高度发达的基础上描述分配问题，但是我国目前财富总量还不够高，发展阶段和财富积累总体上还赶不上人民对美好生活的期待，这决定了我们必须在发展中逐步实现共同富裕，其中包括：经济总量增强，中产阶层扩大，社会文化生态协调发展。经济总量增强是实现共同富裕的必要条件，中产阶层扩大为社会福利分配提供财税保障，社会、文化、生态等各方面全面协调可持续是高质量发展和高水平共同富裕的内在要求。

---

① 参见［丹麦］哥斯塔·埃斯平-安德森：《福利资本主义的三个世界》，苗正民、滕玉英译，商务印书馆2010年版，第37—39页。
② 吕薇洲：《"北欧福利国家及其批判"论析》，《政治学研究》2012年第2期。

第二，共享性是共同富裕的核心元素。共同富裕的共享性必须体现"共同""公平""平等"等元素，但又要避免走入平均主义的歧路。那么，"共同"或"差别"到何种程度能被称为"共同富裕"、能为民众所接受，并且能够保持经济社会可持续地良性运转？社会和经济的平等有三种形态：起点平等、过程平等、结果平等。共同富裕在何种意义上兼容于经济社会平等的不同形态，和社会追求的关键目标（如果不存在首要目标或唯一目标）有关。约翰·罗尔斯（John Rawls）认为，正义是社会制度的首要价值，在每个人都同等享有不受侵犯自由的情况下，社会和经济的不平等应该这样安排："第一，它们所从属的职位应该机会均等地对所有人开放；第二，它们应该有利于社会最弱势群体的最大利益。"[1] 罗尔斯在这里体现了一种过程正义，同时在结果上兼顾社会最弱势群体的基本利益。由于罗尔斯的正义原则是在原初状态和"无知之幕"下提出来的，它还蕴含了一种起点意义上的平等，它不仅要求在社会制度建构中保证所有人机会均等，还试图在已经存在巨大差别的社会中，通过矫正起点和结果的不平等来提供永久的正义方案。

但是，罗尔斯没有考虑到三个重要问题。

第一个是自我所有权和激励问题。这里的最尖锐批评来自罗伯特·诺齐克（Robert Nozick），诺齐克提出了基于自我所有权的正义。他在《无政府、国家和乌托邦》中提出："个人拥有权利，而且有一些

---

[1] 参见[美]约翰·罗尔斯：《正义论》，何怀宏等译，中国社会科学出版社1999年版，第76页；《政治自由主义》，何怀宏等译，译林出版社2011年版，第5页；《作为公平的正义》，姚大志译，中国社会科学出版社2011年版，第56页。

事情是任何人或任何群体都不能对他们做的,否则就会侵犯他们的权利。"诺齐克认为,所有权正义包含三个论题:(1)持有的原初获取;(2)持有的转让;(3)违反(1)和(2)的矫正原则。①与诺齐克正义原则相匹配的是最低限度国家——一种需要国家矫正的制度安排,这种制度当且仅当所有权的获得和转让是非正义的才可以实施,否则便不存在国家强制改变个人自我所有权的正当理由。

强调个人自我所有权不仅关乎公平正义,也是为社会成员创造财富提供动力,同时提出了一个问题:对于为社会最弱势群体的最大利益买单的那部分人有什么激励?如果存在一部分人要持续为另一部分人的福利买单,或者存在一部分人在生命周期内都不为社会福利作贡献,那么买单者不仅负担很重,他们也没有激励支持福利制度。同时,在起征点或贫困线周围的那部分人也缺乏激励通过努力提高自己的收入②。这样的制度即使不是非正义的,至少也是不可持续的。

第二个问题,罗尔斯正义原则给予人们充分的自由、权利和机会,但并没有考虑将这些机会转化为结果的能力,即人们的可行能力。对此的最尖锐批评来自阿马蒂亚·森(Amartya Sen)。森指出:"在差异原则中,罗尔斯通过人们所拥有的手段来评判其获得的机会,而不考虑在将基本品转化为美好生活时可能会出现的巨大差异。"③人的可行能力的差异可能是罗尔斯理论最大的缺陷。

---

① 参见[美]罗伯特·诺齐克:《无政府、国家和乌托邦》,姚大志译,中国社会科学出版社2008年版,前言,第1、184页。
② 我们在调研中发现,收入略低于贫困线的弱势群体参与劳动的动力普遍较弱,因为只要他们的收入稍微超过贫困线,就会失去大量的政府补贴。
③[印]阿马蒂亚·森:《正义的理念》,王磊、李航译,中国人民大学出版社2013年版,第58—59页。

第三个问题，罗尔斯的理论是非常激进的。罗尔斯试图通过社会基本结构的建构，一劳永逸地解决社会公平问题。但问题在于，是否存在一种超验的正义理论凌驾于政治制度和经济社会基础之上？正如森所说："如果我们希望公正理论能被应用于实际社会中的制度选择，那么，单纯地将某些原则视为正确的'关于公正的政治观'所需的原则并不能解决这一问题。"[①] 换言之，如果将正义作为社会制度的首要价值，我们就无法回避具体社会基本制度、经济社会发展条件对实现正义产生的影响。这种影响至少体现在两个方面：一是要捍卫现代社会的法权制度和法治精神（如私有财产不受侵犯）；二是公共价值和经济社会利益的有限性和无限性。对于自由、平等、权利、自尊等不具有竞争性和排他性的公共价值，可以根据机会均等原则分配；但是对于某些与有限资源相联系的机会（如教育、就业），则很难通过机会均等原则向所有人开放，[②] 必须在制度、规则甚至操作层次制定额外的资源分配机制，而这高度依赖特定的经济社会基础。

正义是社会制度的首要价值，但必须存在于现实之中。现实中的国家治理要考虑合法性和稳定性问题。符合正义原则的资源分配方案还要在结果上为人们所接受和服从，才能转化为统治的合法性和稳定性。由此可见，共同富裕并非一个理想的结果状态，而是一个动态概念，是社会的持续善治过程。我们可以使用"实现共同富裕"的表述，但它永远是个进行时，对于贫穷和富裕的感受永远是相对的。这意味

---

① [印] 阿马蒂亚·森：《正义的理念》，王磊、李航译，中国人民大学出版社 2013 年版，第 61 页。

② 参见姚大志：《从〈正义论〉到〈政治自由主义〉——罗尔斯的后期政治哲学》，《中国人民大学学报》2010 年第 1 期。

着，即使所有人获得财富的路径都是正义的（自我所有权正义），也保障了社会最弱势群体的最大利益（差别原则）和可行能力，人们也可能基于财富结果的巨大差距（正义但不均等）质疑共同富裕。因此，为了避免社会过度分裂，维持统治的合法性以及社会基本团结与稳定，对不平等的资源配置结果进行矫正具有重大现实意义。

事实上，我们不必为矫正结果而过分担忧。在操作层次上，由于竞争的起点和社会制度的复杂性，我们不能完全识别和消除起点与过程的不公平，"如果在资源、财富分配的结果上出现了贫富悬殊、两极分化的情况，那么，肯定是社会不公正的最突出表现"[①]。通过矫正结果的不公平，能够在一定程度上矫正隐性的起点和过程不公平。当然，结果不公平中蕴含了多大比例的起点和过程不公平，需要大量实证研究支撑，这样才能制定更加公平正义、更具可操作性的分配方案。

这就是说，一个优于既有任何分配方案的共享性概念，既要在理论上兼顾自我所有权、起点过程结果公平、可行能力等问题，还要在体制机制和政策体系设计上考虑我国复杂的历史、代际和阶层问题，以及城乡、区域、群体差异和"不患寡而患不均"的文化传统。这意味着，在我国推进共同富裕，首先必须在顶层设计上保障民众的基本权利，同时，必须使民众有能力机会均等地参与经济社会高质量发展，并共享高质量经济社会发展的成果。我们还要通过制度创新和倾斜，最大限度补偿和克服马太效应和阶层固化对社会弱势群体行使权利和可行能力的影响。

---

① 李强：《社会分层与社会空间领域的公平、公正》，《中国人民大学学报》2012年第1期。

第三，共同富裕的关键要素是可持续性，包括发展的可持续和共享的可持续。发展的可持续性意味着发展要与人口、资源和环境的承载能力相协调，要与社会进步相适应。我们利用自然资源生产社会生活产品，是一个将自然资源"商品化"的过程。由于不同自然资源的不同属性，某些自然资源的商品化过程是可逆的，我们今天选择将之商品化并不会妨碍后代做选择的自由；但是，某些自然资源的商品化是不可逆的，即使今天人们的选择不会妨碍同一时间节点上其他人选择的自由（所有人一致同意就可以兼容这种情况），但可能会妨碍后代试图将这部分自然资源另作处置的自由权利，这可能在时间维度上是不正义的。当前，我们还没有很好的方案解决时间维度的正义问题，但至少在道德上应该考虑经济社会发展的可持续性。

对于更具可操作性的共同富裕，共享的可持续性更为重要，这事关我们能否建立一个稳定的共同富裕国家。我们要保障财政支出的可持续性，就必须有稳定的财税收入。民众在当下为福利支出纳税的激励，在于他们能够在当下或可预期的未来享受社会福利。人口老龄化对福利国家的致命冲击在于，它一方面大大增加了当下需要福利支出供养的人口规模，另一方面破坏了福利制度的"代际契约"，动摇了当下劳动力人口纳税的激励。如果不进行福利改革和创新，两个因素共同作用，会威胁到财政支出的可持续性。

共享的可持续性问题在中国更为迫切。人口老龄化冲击着我们的社保基金，并将在可预见的未来产生更大影响。更为严峻的是，我们的所得税税基比较窄，纳税群体和社会福利的获益群体匹配度较低，面临纳税群体激励不足的问题。基于此，共享的可持续性不能只依靠不断加重个人税赋负担、出台过多社会政策、过多过高承诺社会保障水平来实现。

发展性、共享性和可持续性既是共同富裕的核心要素，也是推动和实现共同富裕的必要条件，三者缺一不可。正义原则、自我所有权和可行能力都是推动共同富裕中需要秉持的基本价值，但这还不够。正义并不必然保障高质量、高水平经济社会发展，它可能产生普遍贫穷；发展是共同富裕的物质基础，但发展成果不一定由全民共享，更不一定惠及社会弱势群体，甚至可能造成新一轮的贫富分化，因而需要比分配正义更严格的制度予以调节和保障。发展也可能以牺牲环境和后一代人的选择与利益为代价，这在代际上是非正义的，更是不可持续的。因此，我们将共同富裕解读为：通过补偿和矫正某些制度性因素导致的不平等，让全体人民有机会、有能力均等地参与高质量经济社会发展，并共享经济社会发展的成果。

二、我国推进共同富裕的基础和挑战[①]

率领全体人民走共同富裕之路，我们有基础、有条件，但也面临挑战。我国经济总量和增速走在世界前列。1978—2017年，我国GDP平均增速达到9.5%，城乡居民实际收入平均增速达到7.1%和

[①] 我们尽力寻求最新的权威数据来说明我国推进共同富裕的基础和挑战，但是，对于现实的测算和估计需要很多研究工作，非本文所能完成，所以我们引用了部分既有研究的二手数据作为辅助。对于部分比较滞后的数据，本文单独标注了时间，同时参考相关领域的学者对该问题的最新论述，作出大部分既有文献和相关领域学者普遍支持的判断。

7.4%。①2020年，我国GDP总量突破100万亿元（约合14.73万亿美元），人均GDP达到72447元（约合10503美元），已经进入或接近高收入国家行列。保持现在的发展态势，我国于2035年可以基本实现社会主义现代化。

我国总体收入差距以及城乡之间、区域之间的收入差距在缩小。官方数据和研究显示，2008年我国基尼系数为0.491，2016年下降至0.465。②2020年，我国城乡收入倍差进一步缩小为2.56倍。我国区域间收入差距也大幅下降，对总体收入不均等的贡献份额逐渐减少至1.82%。③我国的社会保障在覆盖面与保障水平方面均取得了显著成就。据国家医保局数据，截至2020年末，全国基本医疗保险参保人数13.61亿人，占总人口比重稳定在95%以上④，基本养老保险覆盖人数也达到9.99亿人。⑤社会保障水平也得到了持续合理的提高。2020

---

① 根据国家统计局的计算标准，GDP平均增速以1978—2017年的数据按不变价格计算，原始数据来源于国家统计局官方网站。城乡居民实际收入平均增速根据国家统计局发布的二手数据计算，原始数据参见国家统计局：《居民生活水平不断提高 消费质量明显改善——改革开放40年经济社会发展成就系列报告之四》，国家统计局网站2018年8月31日。下文GDP总量、人均GDP及其换算的汇率、城乡收入倍差均来源于《中华人民共和国2020年国民经济和社会发展统计公报》，新华网2021年2月28日。

② 参见《国家统计局局长就2016年全年国民经济运行情况答记者问》，国家统计局网站2017年1月20日。

③ 参见罗楚亮、李实、岳希明：《中国居民收入差距变动分析（2013—2018）》，《中国社会科学》2021年第1期。

④ 参见《2020年医疗保障事业发展统计快报》，中国政府网2021年3月8日。

⑤ 参见《2020年人力资源和社会保障统计快报数据》，人力资源和社会保障部网站2021年1月29日。

年，全国居民基本医保人均财政补助标准提高到550元①，城乡居民的基础养老金水平由最初的每人每月55元提高至93元②；全国城乡特困人员基本生活标准分别达到11257元/人和8569元/人，普遍高于当地低保标准的1.3倍。③国家贫困县中通硬化路、通动力电、通宽带互联网、通广播电视信号和（全部或部分实现）集中供水的行政村比重分别占99.6%、99.3%、99.6%和97.4%，生产生活基础设施明显改善。④

与此同时，我们在与共同富裕有关的发展、共享和可持续性方面仍然面临一系列问题和挑战。

第一，发展的收敛性不足，质量有待提高。学术界普遍认为，我国自20世纪80年代特别是90年代以来不存在总体人均收入的绝对收敛（β收敛）⑤，但存在条件收敛或区域收敛，其中宏观发展战略（如西部大开发）、地区间发展策略、人力资本、市场开放程度、劳动力等要素市场扭曲程度、工业化程度、技术引进情况、历史累积性因果

---

① 参见国家医保局、财政部、国家税务总局：《关于做好2020年城乡居民基本医疗保障工作的通知》（医保发〔2020〕24号），国家税务总局网站2020年6月10日。

② 参见人力资源和社会保障部、财政部：《关于2020年提高城乡居民基本养老保险全国基础养老金最低标准的通知》（人社部发〔2020〕67号）。

③ 参见《民政部举行2021年第二季度例行新闻发布会》，中国民政微信公众号2021年5月9日。

④ 参见国家统计局、国家脱贫攻坚普查领导小组办公室：《国家脱贫攻坚普查公报（第四号）——国家贫困县基础设施和基本公共服务情况》，中国政府网2021年2月25日。

⑤ 参见魏后凯：《中国地区经济增长及其收敛性》，《中国工业经济》1997年第3期；朱国忠、乔坤元、虞吉海：《中国各省经济增长是否收敛？》，《经济学（季刊）》2014年第3期；张静、徐海龙、王宏伟：《知识溢出与中国区域经济增长收敛研究》，《宏观经济研究》2020年第4期。

循环等是影响经济收敛水平的关键性因素。[1] 考虑到上述经济收敛的条件是我们评价高质量发展的重要指标[2]，这在一定程度上说明我国总体经济的发展质量，特别是落后地区经济发展的质量和可持续性仍有待提高。

第二，我国资源和机会分配不公平的问题仍然突出。在经济领域，既有理论普遍认为，行政垄断从长远来看会造成市场扭曲，影响资源配置效率。已有研究表明，我国地区性行政垄断程度总体呈现下降趋势，越是发达的东部地区，下降的趋势越快；越是落后的西部地区，下降趋势越慢且低于全国平均水平。[3] 此外，我国在资源分配、市场准入、政府采购等方面仍然存在大量非地区性行政垄断。区域之间、

---

[1] 刘夏明等系统回顾了中国区域经济发展的收敛条件，参见刘夏明、魏英琪、李国平：《收敛还是发散？——中国区域经济发展争论的文献综述》，《经济研究》2004年第7期。林毅夫等认为，产业和技术选择上遵循或违背比较优势原则是一个国家/地区能否成功实现收敛的重要决定因素，参见林毅夫：《发展战略、自生能力和经济收敛》，《经济学（季刊）》2002年第1期。蔡昉等认为，人力资本禀赋差异、市场机制是否健全、开放水平、劳动力市场扭曲情况是影响地区间经济发展收敛的因素，参见蔡昉、都阳：《中国地区经济增长的趋同与差异——对西部开发战略的启示》，《经济研究》2000年第10期；蔡昉、王德文、都阳：《劳动力市场扭曲对区域差距的影响》，《中国社会科学》2001年第2期。李光泗和徐翔认为，落后地区技术引进对地区间经济收敛具有积极作用，参见李光泗、徐翔：《技术引进与地区经济收敛》，《经济学（季刊）》2008年第3期。戴觅和茅锐认为，地区间工业化程度是中国省级之间经济收敛的关键影响因素，工业化程度越高，经济收敛情况越好，但由于落后地区工业占比较小，对总体收敛性的影响明显不足，参见戴觅、茅锐：《产业异质性、产业结构与中国省际经济收敛》，《管理世界》2015年第6期。

[2] 参见刘志彪：《理解高质量发展：基本特征、支撑要素与当前重点问题》，《学术月刊》2018年第7期；李金昌、史龙梅、徐蔼婷：《高质量发展评价指标体系探讨》，《统计研究》2019年第1期。

[3] 参见于良春、余东华：《中国地区性行政垄断程度的测度研究》，《经济研究》2009年第2期。

城乡之间、群体之间、体制内外仍然存在大量的制度性不公平,教育、医疗等基本公共服务"同人不同待遇"的问题有所缓解,但绝对差异仍然较大,且地区间基本公共服务均等化水平呈现发达地区高于落后地区的现象,即在这些方面,落后地区的"蛋糕"既没有做大,也没有分好。① 农村宅基地和集体建设用地"不同权、不同市、不同价"等问题仍然突出。② 我国的扶贫方式仍然存在"开发式"和"救济式"特点,扶贫政策与弱势群体可行能力、自我造血能力结合仍然不足,影响了弱势群体将机会转化为实质性产出的可能性。③

第三,我国社会保障的水平和效率还有待提高,结构性矛盾依然突出。总体来看,我国社会保障平抑收入差距的作用有限。社会保障具有降低城乡居民和农民工之间收入差距的作用,但城市居民的社会保障水平仍然显著优于其他两类群体,且具有较强的"福利刚性"。从受益群体和补贴类型来看,实证研究显示,"我国的社会保障支出规模已经超过了使基尼系数路径曲线达到 U 形最低点的补贴规模,出现了对部分人'分配过度'的现象。这其中,离退休金、报销医疗费以及城镇居民养老保险的规模进一步增加会使基尼系数上升;相反,

---

① 参见冯骁、牛叔文、李景满:《我国市域基本公共服务均等化的空间演变与影响因素》,《兰州大学学报(社会科学版)》2014年第2期;杨晓军、陈浩:《中国城乡基本公共服务均等化的区域差异及收敛性》,《数量经济技术经济研究》2020年第12期。

② 参见刘守英:《中国城乡二元土地制度的特征、问题与改革》,《国际经济评论》2014年第3期。

③ 参见梁栩丞、刘娟、胡秋韵:《产业发展导向的扶贫与贫弱农户的脱贫门槛:基于农政分析框架的反思》,《中国农村观察》2020年第6期;李静:《精准就业:可行能力视角下农村弱势群体的扶贫方略》,《中国行政管理》2020年第1期。

低保、农村居民养老金、惠农补贴等的补贴率处于 U 形最低点的左端，存在补贴不足的问题"①。另外，我国单位社会保障瞄准度和有效性仍然不高。已有研究显示，按照多维度评价标准，我国城市低保的漏保率和错保率分别在 38.45%—66.28% 和 54.59%—69.17%；如果以收入作为单一标准，这组数字将大幅提高到 78.80%—84.59% 和 90.51%—93.47%。②

第四，我国税收制度缺乏累进性，对于缩小收入差距的作用有限。个人所得税在一定程度上可以降低间接税的累退性，但我国个人所得税占比小，收入分配效应较弱。③ 同时，我国个人所得税中，"工资、劳务及个体工商户生产经营所得占比高达 70.3%，利息、股息、红利及财产转移所得仅占 27.2%，劳动报酬的最高边际税率是 45%，而资本所得只有 20% 的税率"④，这在一定程度上导致我国财产性收入差距显著高于工薪、转移支付等收入差距，且对总收入差距的影响迅速扩大。⑤

---

① 徐静、蔡萌、岳希明：《政府补贴的收入再分配效应》，《中国社会科学》2018 年第 10 期。

② 参见宋锦、李实、王德文：《中国城市低保制度的瞄准度分析》，《管理世界》2020 年第 6 期。以收入作为单一标准，该文得出的数据高于早期文献对低保的估计结果，多维度标准的数据则低于其他评估结果。虽然数据上略有不同，但已有研究普遍认为我国低保的瞄准效率较低。2013 年实施精准扶贫后，低保的瞄准效率应有改善。

③ 参见岳希明、张斌、徐静：《中国税制的收入分配效应测度》，《中国社会科学》2014 年第 6 期。

④ 宋晓梧：《改革收入分配制度》，郁建兴主编：《畅通双循环，构建新格局》，浙江人民出版社 2020 年版，第 126 页。

⑤ 参见迟巍、蔡许许：《城市居民财产性收入与贫富差距的实证分析》，《数量经济技术经济研究》2012 年第 2 期；李实、朱梦冰：《中国经济转型 40 年中居民收入差距的变动》，《管理世界》2018 年第 12 期。

第五，我国的社会治理和社会稳定面临潜在挑战。一方面，相对贫困的问题开始凸显①，这需要强大的社会力量参与治理，而我国社会组织仍然普遍面临体量小、能力弱、参与不足的问题。另一方面，民众对绩效的感知和认同正在发生变化。民众仍然关注绝对绩效，但比以前更加关注相对绩效和群体间比较。已有研究认为，人们的幸福感在很大程度上取决于自己收入与他人收入的比较②，当收入透明化程度相对较高的时候（比如，在挪威，民众可以在网上查到任何人的收入和纳税信息），个人的幸福感甚至会随着朋友和邻居收入的提高而降低，而真正富有的人（实际收入高于自己预期或参照群体的人）却可以从收入比较之中受益。③特别是在目前经济增速下行背景下，民众预期绝对绩效有所放缓，此时如果处理不好民众之间的比较，可能会显著降低民众的获得感和满意度，甚至会给社会稳定带来巨大挑战。

在中国这样的超大规模人口国家推动共同富裕，人类历史上从未有过先例。这意味着，在中国推动共同富裕是一个创造历史的过程，这是一项现实任务，更是一项长期任务。我们不宜只关注刻画共同富裕的理论形态，而是要始终把发展性、共享性和可持续性作为国家治理的根本目标，通过创新体制机制和政策体系，不断推进共同富裕大业。

---

① 参见沈扬扬、李实：《如何确定相对贫困标准？——兼论"城乡统筹"相对贫困的可行方案》，《华南师范大学学报（社会科学版）》2020年第2期。

② Luttmer, E.F.P., Neighbors as Negatives: Relative Earnings and Well-Being, *The Quarterly Journal of Economics*, Vol.120, No.3, 2005.

③ 这种获益包括物质（如税收和收入分配），也包括精神（如幸福感和生活满意度）。

三、实现共同富裕的制度设计原则与核心议程

实现共同富裕，不能仅停留在理论和哲学层面的讨论，更要实现理论和具体制度设计的衔接。在讨论具体政策议程之前，有必要先讨论共同富裕的制度设计需要遵循的原则。设计共同富裕的体制机制和政策体系，至少需要符合两个原则：激励相容和制度匹配。里奥尼德·赫维茨（Leonid Hurwicz）证明，即使合作博弈很困难，但如果我们有某种制度设计，能够让不同参与者利益共享（在个人与集体关系中），使参与者追求个人利益的同时，正好与集体利益相吻合，那么这一制度设计就是激励相容的。[1] 这意味着，一项制度能够取得合法性并顺利推行，至少要兼容所有政策调节主体的利益，最好能够实现多方共赢。在共同富裕的制度设计中，先富群体、国家和后富群体是三类最主要的政策调节主体。在理论上，如果将这些主体作为"铁板一块"，我们很容易表述"通过先富帮后富来实现共同富裕"，但是，在具体实践中，由于微观的各个主体都是分散决策，如果没有精巧的机制设计实现先富者利益与后富者利益兼容，就很难真正实现先富帮后富。通过政府的强制手段可以大规模协调先富者帮助后富群体，但这种强制手段既不具有道德基础，也不符合自我所有权正义，更不具有可持续性。

制度匹配原则意味着，所有的制度和政策设计首先要嵌入政治、经济、社会、文化等基础之中，同时在目标和手段上与共同富裕兼容。

---

[1] Hurwicz L., The Design of Mechanisms for Resource Allocation, *American Economic Review*, Vol.63, No.2, 1973.

这一原则的要求非常高，它更多是一种理想追求，这也决定了推动共同富裕的制度设计是一个不断探索完善的过程，不能一蹴而就。尽管如此，我们仍然要尽可能通过政策体系的系统性来解决制度匹配的问题。因为，中国前几十年的制度设计主要以经济发展为中心。在经济发展初期，我们形成了以地方主导、辖区间竞争为核心的发展模式[1]；与之相对应，在国家治理上形成了"上级政府试点/地方政府自主探索－创新经验总结提炼－成功经验全国复制推广"[2]的模式。这种模式是经济高速增长和社会有效治理的关键解释变量，但同时造成地方保护主义、区域发展不平衡、公共服务碎片化等问题，[3]这些问题已成为制约人民群众共同富裕最迫切、最突出的问题。为此，我们迫切需要重视发展与治理的顶层设计，提高发展规划的系统性、整体性、全局性，对发展与治理的长远目标、体系、能力、实现方式，以及各个子系统与顶层设计的关系作出战略性部署，提高政策的匹配度、前瞻性、稳定性。

以上我们确立了共同富裕的制度设计需要遵循的基本原则，但不能在有限篇幅内穷尽所有的政策议程。当前最迫切、最重要的议程，是补偿和矫正既有制度性因素对实现共同富裕的制约，使各种发展要

---

[1] 参见周黎安：《转型中的地方政府：官员激励与治理》，格致出版社、上海三联书店、上海人民出版社2017年版；张五常：《中国的经济制度》，中信出版社2009年版。

[2] 郁建兴、黄飚：《当代中国地方政府创新的新进展——兼论纵向政府间关系的重构》，《政治学研究》2017年第5期。

[3] 参见周黎安：《晋升博弈中政府官员的激励与合作——兼论我国地方保护主义和重复建设问题长期存在的原因》，《经济研究》2004年第6期；杜春林、张新文：《乡村公共服务供给：从"碎片化"到"整体性"》，《农业经济问题》2015年第7期。

素和发展制度与共同富裕的目标相匹配，使各发展主体有动力、有能力朝着共同富裕目标迈进，这样才能推动全体人民共同富裕取得更为明显的实质性进展。基于此，我们提出当下推进共同富裕的核心议程，包括经济高质量发展，优化资源和机会分配格局，保障和改善民生，加强和创新社会治理等。

（一）在高质量发展中推进共同富裕

共同富裕首先要富裕。提出在高质量发展中推进共同富裕，需要追求创新、协调、绿色、开放、共享的发展理念，大力提升自主创新能力，塑造产业竞争新优势，提升经济循环效率，激发各类市场主体活力，更要让发展成果最大限度地惠及社会弱势群体，提高低收入群体增收能力和收入水平，实现区域、城乡、群体之间收敛。[①] 以索洛模型为代表的新古典增长理论认为经济增长存在内生收敛性，由于资本的边际报酬递减，资本劳动比率较低地区相较于较高地区经济增长率更高，初始资本和产出等差异会随时间推移逐步消失，经济发展自然而然会实现共同富裕（库兹涅茨曲线）。

如果真如索洛所预测，我们大可以高枕无忧地将实现共同富裕的任务完全交给自由市场。遗憾的是，法国经济学家托马斯·皮凯蒂用大量数据证明，自由市场并不具有平抑财富差距的作用，贫富分化的

---

① 这层含义可以理解为新发展理念中的"共享"。创新、协调、绿色、开放是高质量发展的关键，但从匹配共同富裕目标的角度来说，"共享"的制度设计十分重要。

根本原因是资本收益率在较长时间内高于经济增长率。[①]因此，除了针对上文提及的经济收敛条件作出改革外，我们还需要通过放宽市场准入、调整落后地区产业政策、优化产业结构、提升落后地区发展能力等来提高经济发展的收敛性。

第一，开放市场和公平竞争。党的十九届四中全会提出，"营造各种所有制主体依法平等使用资源要素、公平公开公正参与竞争、同等受到法律保护"的市场环境。这要求我们破除行政性垄断，放宽市场准入，允许民营企业和国有企业平等竞争。具体而言，对那些关系国家安全、重大发展战略并且市场供给不足的领域，实行最低限度国有企业清单制度，明确国有经济的进入范围和退出原则；除此之外，推进国有企业混合所有制改革取得实质性进展，今后国家要根据行业、规模等制定公共政策，不再针对所有制单独制定政策。

第二，遵循比较优势策略发展经济。一个基本事实是，落后地区的发展也要与发达地区竞争。对于落后地区，有两种发展策略：一种是找准自身经济发展的比较优势，与发达地区错位竞争或形成互补的产业链，以期实现"弯道超车"；另一种策略是选择和发达地区类似的产业，通过学习、模仿发达地区产业发展的经验，取得后发优势，追赶上先发地区。至于应该选择哪种策略，主要取决于落后地区的发展条件是否与想要发展的产业相匹配。比如，如果发达地区的产业形态是技术驱动型，由于落后地区技术水平相对较低，发展类似的产业

[①] 参见[法]托马斯·皮凯蒂：《21世纪资本论》，巴曙松译，中信出版社2014年版，第27页。皮凯蒂等人用中国1978—2015年的数据，对我国资本积累、私有财产和贫富分化做了估计，得出了类似结论，参见 Piketty, T., Yang, L., Zucman, G., Capital Accumulation, Private Property, and Rising Inequality in China, 1978~2015, *American Economic Review*, Vol.109, No.7, 2019.

可能很难具有竞争力；如果发达地区的产业形态是劳动力密集型或依赖于一定的自然资源，那么落后地区如果具备相同资源，就可能通过学习、模仿取得后发优势。

第三，重点发展附加值高但技术更新迭代相对缓慢的制造业和服务业。制造业是经济稳定的"压舱石"。有研究显示，今天所有富裕的非石油经济体过去都享有至少 18% 的制造业就业份额[1]，且制造业的劳动生产率存在稳健的绝对收敛；由于低收入国家制造业就业占比较小，工业化进程缓慢，会显著影响经济发展的收敛性。[2] 当然，这并不意味着发展制造业就够了，我们还要遵循高质量发展的要求。根据产业的附加值和技术更新速率，可以将产业形态细分为四类：附加值高且技术更新速度快、附加值高但技术更新速度慢、附加值低但技术更新速度快、附加值低且技术更新速度慢。在经济发展初期，我们凭借低附加值的制造业让中国成为"世界工厂"。但由于在低附加值的制造业中，企业没有足够的激励和能力改善工人福利并提升工人技能水平，因而常常被指责为"血汗工厂"。对于技术更新速率较高的行业，社会大部分人，尤其是低收入者没有胜任的基础和学习能力。同时，这种行业的劳动力流动性高，企业也没有足够激励为劳动者的福利和技能做长远投资，这与共同富裕的要求不完全匹配。高附加值但技术更新迭代较慢的产业，企业利润率较高，具有提高劳动力社会保障水平的物质基础；同时，政府或企业通过社会投资型政策提高劳

---

[1] Jesus Felipe, Aashish Mehta, Changyong Rhee, Manufacturing Matters…But It's the Jobs that Count, *Cambridge Journal of Economics*, Vol.43, No.1, 2019.

[2] Dani Rodrik, Unconditional Convergencein Manufacturing, *The Quarterly Journal of Economics*, Vol.128, No.1, 2013.

动力的知识和技能，能够获得相对较高的投资回报率，因此在这种行业较容易形成政府、企业和劳动者"三赢"格局。在高质量发展推进共同富裕的过程中，或可考虑重点扶持这类产业。

第四，注重落后地区内源发展的实质动力和能力。有研究得出我国区域间经济发展收敛的结论，但统计上的收敛并不意味着实质上提升了落后地区发展能力和水平，可能只是中央政府大量投入的结果。[①] 这种行政推动的发展模式并没有明显改善落后地区的软环境，甚至可能助长其"等靠要"思想，长此以往不利于提升其内源发展的能力。鉴于此，要以城乡之间、发达地区与欠发达地区之间的创新合作为契机，推动发达地区的治理体系和治理能力、管理经验、技术、人才、信息等要素向欠发达地区复制、推广、转移，从而帮助提升欠发达地区的发展与治理能力。

（二）优化资源和机会分配格局

根据对共享性的理解，我们可以模仿罗尔斯按词典排序的正义原则，大致为我国优化资源和机会分配提供一个优先次序：(1) 保障基本的自由和权利不受侵害；(2) 建立基于公民身份平等共享的基本公共服务体系；(3) 具有竞争性和排他性的资源与岗位机会均等地向所有人开放；(4) 提升弱势群体参与竞争和享受服务的可行能力；(5) 为有一定能力的弱势群体提供扶持；(6) 为公民提供"额外"的个性化产品。

[①] 参见刘生龙、王亚华、胡鞍钢：《西部大开发成效与中国区域经济收敛》，《经济研究》2009年第9期；孙晓华、曹阳：《中国城市经济增长的俱乐部收敛：识别方法与趋同机制——来自中国347个行政区的实证检验》，《当代经济科学》2018年第6期。

其中，第（1）(2）是所有公民——无论出身、地位、贫富都应该平等地享受的福利。由于这部分福利是公民参与经济社会活动甚至保障生命和健康的基础，所以最具有优先性。在我国，目前主要的制约条件有两个：一是附着在土地上的农民财产权益。二是区域之间、城乡之间、部门之间、体制之间的差别，事实上导致了同一公民身份享受不同基本公共服务，甚至某些民众无法享受基本公共服务的情况。并且，越是发达城市，民众可以选择的替代性服务越多，但政府基本公共服务供给往往越充足；越是落后地区和贫困农村，民众对基本公共服务的依赖性越强，但政府基本公共服务供给能力和动力往往越弱。这需要中央政府调控，无论绝对值还是相对值，如果这部分福利没有得到平等保障，中央政府就应该通过调整公共支出结构甚至加征更多的税收来优先保证这部分福利的供给。

第（3）(4）主要涉及社会稀缺资源的分配和享用。弱势群体与优势群体在享受基本公共服务方面可能存在可行能力的差异，但提升弱势群体的可行能力本身也是稀缺服务，将之运用于帮助弱势群体参与竞争稀缺性资源的分配更能提升其生活品质。在这方面，我国要优先走发展型社会政策之路，通过人力资本投资，促进人的发展能力，提高劳动力的素质，从而使社会福利发挥更多的"生产性因素"。[①] 比如，威胁福利政策稳定性的一个重要因素就是"福利病"，即过高福利水平可能会导致过低的劳动参与率。我国虽然没有过高的福利水平，但兜底性的社会保障降低了贫困线边缘的群体参加工作的激励。

---

① 参见郁建兴、何子英：《走向社会政策时代：从发展主义到发展型社会政策体系建设》，《社会科学》2010年第7期。

如果我们让这部分群体接受更多的教育和培训，预期工资性收入也会提高，这意味着他们不参与劳动的机会成本越高，他们就越有可能选择去工作。这样，提升弱势群体可行能力的教育和培训政策，有助于实现高福利和高劳动参与率的微妙平衡。

作为一个最低限度要求的共同富裕，至少要在资源和机会分配上满足前4项条件。（5）（6）是对共同富裕的更高要求。（5）是为有一定能力但仍处于弱势的群体提供扶持，其目的不是出于分配正义，而是致力于提高群体之间发展的收敛性。（6）是为公民提供个性化的公共服务，这已经是一个高度共同富裕的社会，其福利体系中不仅包含发展型社会政策，还包含大量消费型福利政策。在这方面，既要尽力而为，又要量力而行。

（三）保障和改善民生

在现有物质基础的约束下，保障和改善民生的核心议程是调整结构，提高社会保障的有效性、共享性和可持续性。

首先，基于公共服务供给的效率准则，重新划分中央和地方的事权和财权。关键不是给地方下放更多事权和财权，而是中央政府承担更多事权；同时，改革税制结构，提高直接税的比重，稳定个人所得税起征点，适当降低劳务所得的最高边际税率，通过扩大税基和提高征收能力来提高财政收入。此外，针对有多套房和巨额财产的家庭，逐步开征房地产税、遗产税和赠与税，平抑财产性收入和占有差距。在履行方式上，进一步改革转移支付制度，增加一般性转移支付比例，减少专项转移支付。

其次，调整社会保障结构，提高共享性水平。要稳定离退休金、医保报销比例、城镇居民养老保险水平等，短期内不提高或少提高保障水平；同时，逐步提高最低生活保障、农村居民养老保险金、惠农补贴等，缓解城乡居民收入不平等。在此基础上，逐步提高社会保险统筹层次，优先推进职工养老保险全国统筹，逐步实现医疗保险、工商和失业保险省级统筹；同时，创新社保基金管理方式，提高基金运行效率。

最后，要提高最低生活保障、财政救助资金瞄准度和有效性。在识别上，借鉴精准扶贫的经验，建立多维度指标评价模型，全面、动态衡量家庭经济情况，通过"民生直达"第一时间为困难家庭提供帮助，同时监测财政资金的使用绩效，有针对性地改进帮扶方式。创新财政补贴方式，改变对满足条件的贫困户都给予定额补贴的传统补贴方式，根据当地生活、教育、医疗等多维度指标划定最低生活标准，逐户核定家庭收入，通过补足最低生活标准的方式提供补贴。同时，建立财政补贴的动态退出和奖惩机制，对于领取补贴后因个人激励而没有创造更多收入的家庭，逐步减少补贴；对于积极创业的贫困户，可以在财政补贴的基础上为其提供政策、贷款等方面的额外扶助。

推进共同富裕，不只是增加民众收入一个维度，共享改革发展成果和幸福美好生活是一个系统性事业。我们不仅要从收入端多维度推进，还要将支出端作为政策设计的重要考量因素，在保底线基础上推进教育、医疗、文化、娱乐等公共服务的优质共享。

（四）加强和创新社会治理

贫富分化不只是经济问题，更是社会问题和政治问题；相应地，缩小贫富差距、推动共同富裕蕴含着加强和创新社会治理的要求。加强和创新社会治理可以降低社会成本，有助于降低、减少社会冲突与危机，同时可以建立更加和谐的政府、市场与社会的互动关系。当前，我们已经消除了绝对贫困,但相对贫困、精神贫困、某些制度因素导致的制度性贫困仍然存在。相比较而言,物质贫困与地区性贫困是显性的,容易观察、统计和测量;相对贫困、精神贫困、制度性贫困和群体间的比较往往较为隐性,难以识别、统计、测量,且个体之间致贫原因差异非常大,往往和社会相对剥夺、社会排斥、参与能力不足等因素有关,[①]需要耗费较长时间识别和治理,也就很难依照全国统一标准或区域间的协作脱贫。所以,完善治理机制,提升基层社会治理能力和公共服务供给水平,是推动共同富裕不可缺少的一环。

政府可以发挥助推和促进作用,精巧设计相关机制,同步提升弱势群体物质生活水平和参与社会治理的能力。比如,可以借鉴浙江省桐乡市"三治信农贷"的经验,将金融与社会治理嫁接到一起,实现政府、金融机构和农户三方共赢的发展格局。桐乡人均国民收入尽管较高,但农户仍然普遍面临创业、建房等方面的资金困难;同时,银行贷款则面临担保物不足、担保方难找、金融信息不了解等难题。金融机构没有基层"触角",受制于信息不对称,无法精准识别民众信誉。2018 年,桐乡市委组织部联合农商银行,依靠根植于村社区的"一约两会三团"治理体系,精准识别和监督贫困户的情况,对积极参与基层社会治理,且信用评级较高的农户,一次性给予 10 万—30 万元无面签、无担保、纯线上的信用贷款,有效解决了农户金融贷款的难题,同时为农民积极参与公共事务,提升社会参与能力和诚信水平提供了强大动力。

---

① 参见李棉管、岳经纶:《相对贫困与治理的长效机制:从理论到政策》,《社会学研究》2020 年第 6 期。

此外，政府并非社会治理制度供给的唯一主体，市场主体、社会组织或民众自治组织都可能成为制度供给者。享誉世界的格莱珉银行是以营利为目的的市场主体，但这并不妨碍格莱珉银行在营利的同时，帮助小额信贷者提升其参与经济社会发展和治理的能力。作为类似于格莱珉模式的一项创新，国务院和财政部 2006 年开始在部分贫困村试点建立"贫困村村级发展互助资金"，致力于缓解贫困农户发展所需资金短缺问题，提高贫困村、贫困户自我发展、互助互济、持续发展的能力。[1]试点工作在贫困户入社、贷款发放、复制推广等方面取得了显著成效，有效解决了贫困户发展的融资难题，同时培养了农户的合作精神。[2]此外，相对贫困人群往往个性化需求很高，更需要一对一精准识别与帮扶，可以通过政府购买服务，充分发挥社会力量帮助贫困户改变观念、提供心理服务、开展教育培训、寻找市场机会、提升参与能力和整个地区的治理水平。

最后，同样重要的是，我国有"不患寡而患不均"的传统，而且在事实上已经形成了较大的收入差距和群体间不公平感。基于此，在推动共同富裕的过程中，还要通过社会融合和发展先进文化来减少收入差距带来的社会冲突。具体而言，这种社会融合要促进人和要素在区域、城乡之间双向自由流动，取消基于户籍的住房、教育、医疗、社保等限制，推进不同群体间公共服务的共享。同时，还要为老百姓充分参与公共生活提供有效载体，为人与人之间的沟通与交流创造充

---

[1] 参见国务院扶贫办、财政部：《关于开展建立"贫困村村级发展互助资金"试点工作的通知》（国开办发〔2006〕35 号）。
[2] 参见谢岳：《中国贫困治理的政治逻辑——兼论对西方福利国家理论的超越》，《中国社会科学》2020 年第 10 期。

足的公共空间,让民众在参与和沟通中凝聚共识,形成团结奋进的社会治理共同体。① 此外,还要加强政策宣传,营造良好的精神文化氛围,让老百姓理性认识共同富裕、期待共同富裕、推动共同富裕、评价共同富裕。

当前,数字化是一个不可逆转的大趋势。数字化发展可以为识别致贫原因、推进服务下沉、促进信息共享、拓宽参与渠道、提升治理效能、评价治理绩效、凝聚群众共识等方面提供技术方案,增强治理工具的针对性和有效性,让全体人民在共享发展与治理的成果上有更多获得感、效能感。同时应看到,数字应用对共同富裕来说是一把双刃剑,数字化发展并不必然通过"技术赋权"推动社会平等,也可能由于"数字分群"进一步加剧群体间的分化,这显然与共同富裕的目标不相匹配。基于此,推进数字化发展与推进高质量发展、共同富裕的逻辑一样,既要通过数字化发展,同步提升整个社会的治理能力和水平,更要通过政府兜底,为那些被数字化发展"排斥",无法自主、自助享受数字化发展成果的群体,提供充分的备选方案。

四、结论与讨论

贫富分化不仅会损害社会部分群体的物质生活水平,还会动摇人们通过参与公共生活变成更好公民的社会基础。正如迈克尔·桑德尔(Michael Sandel)所说:"随着不平等的逐步加深……富人脱离于公共场所和公共服务,而将这些留给那些消费不起其他事物的人们……诸

---

① 参见郁建兴、任杰:《社会治理共同体及其实现机制》,《政治学研究》2020年第1期。

如学校、公园、操场以及社区中心这样的公共机构，不再是来自社会不同阶层的公民们相互邂逅的场所，那些聚集公众、并充当公民美德教育的非正式学校这一角色的场所，变得越来越少，相互之间的距离也越来越远。公共领域的虚空，使得我们很难培养团结和共同体感，而这些正是民主公民社会所依赖的基础。"①

在当代中国推动共同富裕、建构良善社会，需要体现发展性、共享性和可持续性的统一。当前，我们有基础、有条件，也面临短板和挑战。我们需要在激励相容和制度匹配的原则下，通过体制机制和政策体系创新，消除那些让贫困累积、让不平等代际传递的制度性因素，激励民众以更加主动、能动的精神状态共创财富、共享繁荣。

当前，中央积极支持浙江高质量发展建设共同富裕示范区，这是因为浙江有基础和优势，也有很大的探索空间，具有重要而典型的示范意义。共同富裕是关乎国家稳定和全体人民幸福的重大议程，浙江在建设共同富裕示范区的过程中，需要率先探索、率先破题，率先走出促进全体人民共同富裕之路，为实现共同富裕提供浙江示范。在其中，浙江需要有意识地将推动东西部共同富裕列入共同富裕示范区建设议程。这并不是要求浙江承担起推动全体人民共同富裕的艰巨任务，而是要求浙江既有限度地推动东西部"先富带后富"，又不断验证推动共同富裕体制机制和政策体系的普遍性、可复制性和推广性，从而使浙江在建设共同富裕示范区的进程中，同步为推进全体人民共同富裕作出贡献。

---

① 参见［美］迈克尔·桑德尔：《公正：该如何做是好？》，朱慧玲译，中信出版社2011年版，第301—302页。

中国共同富裕的理论和实践，对上承接着中国古代大同世界的精神美学，对外连接着人类社会共同的理想追求，它在引领和推动中国人民创造繁荣的同时，也将延伸到全球化的世界中去，为促进欠发达国家和地区脱贫致富，推进高度发达国家和地区共建和谐社会贡献中国方案。在此意义上，中国推动共同富裕，必将丰富全球治理体系的内容与愿景，有望成为共有、共享的全球公共文化产品。

吴忠民 中共中央党校（国家行政学院）社会和生态文明教研部副主任、教授

论"共同富裕社会"的主要依据及内涵

20世纪50年代，中国便提出了社会主义现代化的目标；自改革开放以来，中国更是提出以社会主义现代化建设为中心的历史任务，并为之进行了不懈的艰苦奋斗。小康社会的全面建成，标志着我们国家"两个一百年"奋斗目标当中的第一个百年奋斗目标已经实现，中国的社会主义现代化建设取得了举世公认的巨大成就。习近平总书记指出："经过长期努力，中国特色社会主义进入了新时代，这是我国发展新的历史方位。"在小康社会已经全面建成的新时代条件下，我们国家"开启全面建设社会主义现代化国家新征程，向第二个百年奋斗目标进军"。[①] 对于"全面建设社会主义现代化国家"这样一个奋斗目标，

[①] 习近平：《决胜全面建成小康社会 夺取新时代中国特色社会主义伟大胜利——在中国共产党第十九次全国代表大会上的报告》，《人民日报》2017年10月28日。

应当用怎样的提法进行概括，这种提法的主要依据、内涵以及合理边界是什么，是学术界和理论界应当予以认真考虑的一件十分重要的事情。依据历史唯物主义的基本原理和习近平新时代中国特色社会主义思想的基本观点，显然，应当用"共同富裕社会"（或简称"共富社会"）作为与"小康社会"相衔接的中国社会主义现代化建设新阶段的奋斗目标。在此基础之上，进一步的问题是，有必要对共同富裕社会的主要依据、内涵以及合理边界进行相应的阐述。如是做法，有助于深化人们对共同富裕社会这一重大时代课题的认知。

需要说明的是，正如不能将"小康社会"简单地等同于"小康"一样，我们也不能将"共同富裕社会"简单地等同于"共同富裕"。显然，这里所说的"共同富裕社会"有着明确的"时代标识"意义，而并非泛泛地指富裕、充裕一类的生活。所谓"共同富裕社会"，主要是指在小康社会已经建成的基础上、与之能够先后相接续的、中国"新时代"全面建设社会主义现代化国家的新的奋斗目标。从其时代属性的角度看，共同富裕社会建设时期当属中国社会主义现代化建设的"中级"阶段。从其基本内涵的角度看，共同富裕社会所强调的应当是在较为发达的经济基础之上的"美好生活"和较高水准的"生活品质"；共同富裕社会所看重的应当是全体人民"共同"的富裕；共同富裕社会所追求的应当是一个全面发展的社会。

一、"共同富裕社会"的主要依据

作为全面建设社会主义现代化国家奋斗目标的提法，共同富裕社会的主要依据应当包括这样几个最为重要的要素：一是从价值取向上能够反映作为引领中华民族伟大复兴的中国共产党人的初心所在；二是从大历史观的角度能够体现与小康社会奋斗目标相衔接的社会主义现代化建设新时期的奋斗目标;三是在语境层面上能够为社会主义现代化建设主体力量的中国民众所认同。而正是在这样几个关键点上,"共同富裕社会"能够成为一个与"小康社会"相衔接的社会主义现代化建设奋斗目标。

(一)共同富裕社会的奋斗目标能够体现中国共产党人一以贯之的初心所在

在高度发达的生产力基础之上追求共同富裕和人的解放,是马克思、恩格斯终生为之奋斗的价值目标。恩格斯指出:"使社会生产力及其成果不断增长,足以保证每个人的一切合理的需要在越来越大的程度上得到满足。"①恩格斯还指出,应当"结束牺牲一些人的利益来满足另一些人的需要的状况",要让"所有人共同享受大家创造出来的福利"。②

追求中国人民的共同富裕,是中国共产党人一以贯之的初心所在,是社会主义特别是中国特色社会主义的题中应有之义和价值取向。毛泽东指出,"现在我们实行这么一种制度,这么一种计划,是可以一年一年走向更富更强的,一年一年可以看到更富更强些。而这个富,是共同的富"③。邓小平指出:"社会主义的特点不是穷,而是富,但这种富是人民共同富裕。""社会主义的本质,是解放生产力,发展生产力,消灭剥削,消除两极分化,最终达到共同富裕。"④江泽民指出:"实

---

① 《马克思恩格斯选集》第三卷,人民出版社2012年版,第336页。
② 《马克思恩格斯选集》第一卷,人民出版社1995年版,第243页。
③ 《毛泽东文集》第六卷,人民出版社1999年版,第495页。
④ 《邓小平文选》第三卷,人民出版社1993年版,第265、373页。

现共同富裕是社会主义的根本原则和本质特征，绝不能动摇。"①胡锦涛指出，要"使发展成果更多更公平惠及全体人民，朝着共同富裕方向稳步前进"②。习近平总书记对于共同富裕的奋斗目标更是进行了大量论述。习近平总书记指出："广大人民群众共享改革发展成果，是社会主义的本质要求，是我们党坚持全心全意为人民服务根本宗旨的重要体现。我们追求的发展是造福人民的发展，我们追求的富裕是全体人民共同富裕。"③习近平总书记对于共同富裕的论述有两个明显的特点：一是将共同富裕与以人民为中心的发展思想有机地结合在一起。习近平总书记指出："坚持共享发展，就是要坚持发展为了人民、发展依靠人民、发展成果由人民共享，使全体人民在共建共享发展中有更多获得感，朝着共同富裕方向稳步前进。"④二是将共同富裕与新时代的中心任务有机地结合在一起。习近平总书记指出，中国特色社会主义新时代是"逐步实现全体人民共同富裕的时代"⑤。

（二）共同富裕社会的奋斗目标能够反映新时代条件下中国社会主义现代化建设特定阶段的历史性任务

现代化建设是中国发展的历史性任务，承载着中华民族伟大复兴

---

① 《江泽民文选》第一卷，人民出版社2006年版，第466页。
② 胡锦涛：《坚定不移沿着中国特色社会主义道路前进　为全面建成小康社会而奋斗——在中国共产党第十八次全国代表大会上的报告》，《人民日报》2012年11月18日。
③ 《中共中央召开党外人士座谈会　习近平主持并发表重要讲话》，《人民日报》2015年10月31日。
④ 习近平：《深化合作伙伴关系　共建亚洲美好家园——在新加坡国立大学的演讲》，《人民日报》2015年11月8日。
⑤ 习近平：《决胜全面建成小康社会　夺取新时代中国特色社会主义伟大胜利——在中国共产党第十九次全国代表大会上的报告》，《人民日报》2017年10月28日。

的历史使命。在新中国成立之前，中国共产党的主要使命是反帝反封建、争取民族独立，让中国平等地屹立于世界民族之林，为中国自主的现代化建设确立必要的前提条件。从新中国成立至1978年，我们国家建立了社会主义制度，并进行了现代化建设的探索。自改革开放以来，我们国家将现代化建设作为时代的中心任务，近年来更是明确地将之视为百年奋斗目标。

显然，从大历史观的角度看，中国在确立重要的阶段性奋斗目标时，必须将之与社会主义现代化建设这样一个大的时代背景结合起来考虑。唯其如此，方能将我们党的初心与特定阶段的现代化建设任务有机地结合在一起。

进一步看，中国社会主义现代化建设又具体分为不同的阶段。而"小康社会"和"共同富裕社会"则是中国社会主义现代化建设进程当中前后衔接的不同阶段。"随着我国全面建成小康社会、开启全面建设社会主义现代化国家新征程，我们必须把促进全体人民共同富裕摆在更加重要的位置，脚踏实地，久久为功，向着这个目标更加积极有为地进行努力。"① 小康社会的全面建成，标志着中国已迈入现代社会的门槛，中国的社会主义现代化建设取得了举世公认的巨大成就，已经实现了初级的现代化目标。中国的 GDP 在全球的占比已经从 1978 年的 1.7% 上升至 2019 年的 16.4%，中国的经济总量仅次于美国，在世界各国当中居于第二的位置；货物进出口贸易总额占世界的比重从 1978 年的 0.8% 上升至 2019 年的 12.0%；中国的外汇储备占

---

① 习近平：《关于〈中共中央关于制定国民经济和社会发展第十四个五年规划和二〇三五年远景目标的建议〉的说明》，《人民日报》2020 年 11 月 4 日。

世界的比重从 1980 年的 0.6% 上升至 2019 年的 26.3%①；中国已经建立起世界上种类最为齐全、规模最为庞大的工业体系。

同时应当看到，中国在小康社会时期的社会主义现代化建设还只是属于一种初级的现代化建设。从基础生产力等一些重要指标的角度看，中国的社会主义现代化建设尚带有明显的"粗放"痕迹。虽然中国经济体量很大，但人均 GDP 还没有达到世界各个国家的平均值水准。从劳动生产率的角度看，2019 年，中国每个就业者创造的国内生产总值（汇率法，2010 年不变价美元）为 15332 美元，这个数字且不说远远低于美国的 114003 美元、日本 93851 美元的水准，甚至明显低于马来西亚 26341 美元、巴西 24870 美元、阿根廷 23126 美元以及伊朗 19522 美元的水准。②而且，中国的"万美元国内生产总值能耗"指标居高不下。2014 年，中国的"万美元国内生产总值能耗"指标为 1.88，远远高于世界 1.21 的平均水准、高收入国家 1.02 的平均水准以及中等收入国家 1.4 的平均水准。③

显然，中国的社会主义现代化建设正面临着升级换代的历史任务。"以前我们要解决'有没有'的问题，现在则要解决'好不好'的问题。我们要着力提升发展质量和效益，更好满足人民多方面日益增长的需要，更好促进人的全面发展、全体人民共同富裕。"④而在小康社会已

---

① 参见国家统计局：《国际统计年鉴 2020》，中国统计出版社 2021 年版，第 3 页。
② 参见国家统计局：《国际统计年鉴 2020》，中国统计出版社 2021 年版，第 131 页。
③ 参见国家统计局：《国际统计年鉴 2020》，中国统计出版社 2021 年版，第 162 页。
④ 《习近平会见出席"2017 从都国际论坛"外方嘉宾》，《人民日报》2017 年 12 月 1 日。

经建成亦即初级的现代化建设已经完成的基础之上，开启升级换代的中级的社会主义现代化建设，就是"共同富裕社会"建设亦即从2020年开始的"全面建设社会主义现代化国家"的阶段。习近平总书记指出："共同富裕本身就是社会主义现代化的一个重要目标。我们要始终把满足人民对美好生活的新期待作为发展的出发点和落脚点，在实现现代化过程中不断地、逐步地解决好这个问题。"①从社会主义现代化建设的不同发展阶段的角度看，"共同富裕社会"这一阶段的社会主义现代化建设属于中级阶段，其起止期大致是从2020年至21世纪中叶。具体而言，其目标定位又分为两个阶段："第一个阶段，从二〇二〇年到二〇三五年，在全面建成小康社会的基础上，再奋斗十五年，基本实现社会主义现代化。""第二个阶段，从二〇三五年到本世纪中叶，在基本实现现代化的基础上，再奋斗十五年，把我国建成富强民主文明和谐美丽的社会主义现代化强国。"②

（三）共同富裕社会的奋斗目标是一个能够为中国广大民众所普遍认同的目标

作为一种阶段性的社会主义现代化建设的奋斗目标，仅仅有理论上的概括是不够的，还需要形成一种能够让民众广泛认同的提法。唯其如此，方能使中国民众广泛认同、接受这一目标，进而让这一目标能够有效地动员民众积极参与社会主义现代化建设。

要想让社会主义现代化建设的奋斗目标能够为民众所广泛认同，

---

① 《完整准确全面贯彻新发展理念　确保"十四五"时期我国发展开好局起好步》，《人民日报》2021年1月30日。

② 习近平：《决胜全面建成小康社会　夺取新时代中国特色社会主义伟大胜利——在中国共产党第十九次全国代表大会上的报告》，《人民日报》2017年10月28日。

就必须满足两个必要条件：一是必须在现实利益上能够满足民众的普遍利益关切。"人们奋斗所争取的一切，都同他们的利益有关。"①所以，作为社会主义现代化建设奋斗目标的具体提法，必须能够体现出民众普遍利益的持续增进。二是作为社会主义现代化建设奋斗目标的具体提法与民众习以为常的"语境"层面这两者之间必须能够形成有效的契合。就民众能否有效地接受某种提法而言，能否适应民众习以为常的语境便成为关键的影响要素之一。从一定意义上讲，某种提法如若能够同民众习以为常的语境相适应，则意味着这种提法能够得到以某种民族性为基础的"集体意识"的支撑，因而更容易具有一定的生命力。即使同样具有现代性的同一内容的不同提法，能否与民众习以为常的语境相契合，会使不同提法具有不同的生命力。比如，"'中国的初级现代化建设'的奋斗目标"和"'小康社会'的奋斗目标"这样两种不同的具体提法，所表达的内容完全一致，但由于两者在具体表达上有所差别，因而民众对这两者的认同程度无疑会有差别。相对来说，民众更加能够广泛认同的是具有中国语境的"'小康社会'的奋斗目标"，而非前者。正如习近平总书记所指出的那样："'小康'这个概念，就出自《礼记·礼运》，是中华民族自古以来追求的理想社会状态。使用'小康'这个概念来确立中国的发展目标，既符合中国发展实际，也容易得到最广大人民理解和支持。"②

这样看来，以"共同富裕社会"的提法来作为"全面建设社会主

---

① 《马克思恩格斯全集》第一卷，人民出版社1956年版，第82页。
② 习近平：《在纪念孔子诞辰2565周年国际学术研讨会暨国际儒学联合会第五届会员大会开幕会上的讲话》，《人民日报》2014年9月25日。

义现代化国家"阶段的奋斗目标，是更加能够为中国广大民众所广泛认同的。

第一，共同富裕社会的奋斗目标与中国民众的普遍利益关切两者易于形成高度的契合。从历史上看，中国是一个世俗化的社会，而不是一个宗教化的社会。历史上中国民众十分向往的是"此岸世界"的现实美好生活，而不是"彼岸世界"的、不可能被验证的"天国"生活。改革开放以来，中国民众对于现实生活更加看重。正如习近平总书记所指出的那样："我们的人民热爱生活，期盼有更好的教育、更稳定的工作、更满意的收入、更可靠的社会保障、更高水平的医疗卫生服务、更舒适的居住条件、更优美的环境，期盼孩子们能成长得更好、工作得更好、生活得更好。人民对美好生活的向往，就是我们的奋斗目标。"[①] 而在小康社会建成之后，人们对于生活的期望必然又会迈上一个新台阶。在新的历史时期，人们的需求肯定会高于小康社会的"衣食无忧""宽裕"一类的生活水准。富裕与否，必定是新时代中国民众最为在意的事情之一。在这样的情形下，共同富裕社会的奋斗目标显然更容易为中国民众所普遍认同。

第二，共同富裕社会的奋斗目标与中国民众的语境两者能够形成高度的契合。"五谷丰登""风调雨顺""衣食无忧""宽裕""安居乐业""小康""丰裕""共同富裕""大同"等词语所描述的都是为中国民众所熟知并向往的生活目标和情境。在这样一些词语当中，选择其中的"共同富裕"一词来作为中国中级的社会主义现代化建设目标是

[①] 习近平：《人民对美好生活的向往就是我们的奋斗目标》，《人民日报》2012年11月16日。

相对恰当合适的，是能够为中国民众所广泛认同和接受的。习近平总书记指出："共同富裕，是马克思主义的一个基本目标，也是自古以来我国人民的一个基本理想。"① 重要的是，民众语境层面上的广泛认同和接受，使"共同富裕社会"的奋斗目标能够具有凝聚共识、团结民众的积极功能。

由此可见，既然"共同富裕社会"一词不仅能够体现出中国共产党人一以贯之的初心所在，能够体现出中国社会主义现代化建设的阶段性特征，还能够为中国广大民众所普遍认同和接受，所以，将"共同富裕社会"作为一个同小康社会先后衔接的社会主义现代化建设奋斗目标是恰当可行的。

二、"共同富裕社会"的内涵

作为一个小康社会建成之后接续的、中国社会主义现代化建设新阶段的奋斗目标，共同富裕社会有着特定的内涵。

（一）共同富裕社会所强调的是"美好生活"和较高水准的"生活品质"

随着社会主义现代化进程的推进、改革开放的深入，中国社会主要矛盾发生了深刻的变化。"中国特色社会主义进入新时代，我国社会主要矛盾已经转化为人民日益增长的美好生活需要和不平衡不充分的发展之间的矛盾。"② 无疑，不同于以往，在新的历史时期，"新的"

---

① 习近平：《在省部级主要领导干部学习贯彻党的十八届五中全会精神专题研讨班上的讲话》，《人民日报》2016 年 5 月 10 日。
② 习近平：《决胜全面建成小康社会　夺取新时代中国特色社会主义伟大胜利——在中国共产党第十九次全国代表大会上的报告》，《人民日报》2017 年 10 月 28 日。

社会主要矛盾已经成为一个影响中国发展全局的大问题。这样一种社会主要矛盾能否予以有效解决，自然成为中国建设社会主义现代化强国的目标亦即中级的社会主义现代化建设目标能否得以实现的关键所在。

共同富裕社会奋斗目标所关注的是人民的"美好生活"和较高水准的"生活品质"。如果说小康社会——中国初级的社会主义现代化建设目标——所关注的是人民摆脱贫困，过上比较"宽裕"、比较"殷实"的生活的问题的话，那么，共同富裕社会——中国中级的社会主义建设现代化目标所关注的就是中国人民"美好生活"和较高的"生活品质"的问题。正是顺应人民需要的新变化，习近平总书记指出，"中国执政者的首要使命就是集中力量提高人民生活水平"①。具体看，就是"要着眼于满足人民日益增长的美好生活需要，贯彻新发展理念，着力解决发展不平衡不充分的问题，提高发展质量，不断提高人民生活品质、生活品位"②。也就是说，让实现全体人民共同富裕在广大人民现实生活中更加充分地展示出来。虽然在不同的历史阶段对美好生活有着不同的理解，但是，这里所说的美好生活有着特定的含义：基于更为先进生产力基础之上的优于小康社会"较为宽裕"生活水准的"较高水准的生活品质"。具体地说就是，"在更高水平上实现幼有所育、学有所教、劳有所得、病有所医、老有所养、住有所居、弱有所扶"

---

① 习近平：《在华盛顿州当地政府和美国友好团体联合欢迎宴会上的演讲》，《人民日报》2015年9月24日。
② 《深刻感悟和把握马克思主义真理力量　谱写新时代中国特色社会主义新篇章》，《人民日报》2018年4月25日。

的新目标。①

（二）共同富裕社会的奋斗目标所看重的是全体人民"共同"的富裕

随着社会主义现代化进程的快速推进，中国的社会财富总量在迅速增加。相应地，较之以往，对于财富如何进行分配，就成为中国社会当中一件十分重大的事情。这样一个重大问题如若解决不好，则会催生大量的社会不公现象，并且由此引发大量的社会矛盾纠纷。尽管伴随小康社会的全面建成，中国就整体而言已经消除了绝对贫困问题，但是贫富差距较大等社会不公现象仍然存在。习近平总书记指出："在我国现有发展水平上，社会上还存在大量有违公平正义的现象。"② 国家统计局的数字显示，中国的基尼系数多年来已经明显超出合理界限：2005 年为 0.485，2008 年为 0.491，2009 年为 0.490，2012 年为 0.474，2015 年为 0.462，2016 年为 0.465，2017 年为 0.467，2018 年为 0.468。③ 中国现在仍有"6 亿中低收入及以下人群，他们平均每个月的收入也就 1000 元左右"④。另外，中国的家庭之间财富差距较大。中国人民银行《2019 年中国城镇居民家庭资产负债情况调查》显示，

---

① 习近平：《在纪念马克思诞辰 200 周年大会上的讲话》，《人民日报》2018 年 5 月 5 日。

② 习近平：《切实把思想统一到党的十八届三中全会精神上来》，《求是》2014 年第 1 期。

③ 参见《国家统计局首次公布 2003 至 2012 年中国基尼系数》，人民网 2013 年 1 月 18 日；《国家统计局局长就 2016 年全年国民经济运行情况答记者问》，国家统计局网站 2017 年 1 月 20 日；《2018 年我国居民人均可支配收入基尼系数为 0.468》，观研报告网 2020 年 5 月 18 日。

④ 《李克强总理出席记者会并回答中外记者提问》，《人民日报》2020 年 5 月 29 日。

2019年，中国城镇净资产最高1%家庭的净资产占全部家庭净资产的比重为17.1%，最高10%家庭的总资产占比为47.5%。[1] 还有调查显示，收入最高1%家庭的储蓄占总储蓄的近70%。[2] 相比之下，较大的家庭财富差距是一个更加重要的问题，更需要引起人们的高度关注。因为，相对来说，收入差距较大的问题能够通过必要的政策调整比较容易得以改善，而家庭财富差距过大的问题则是多年积累而成的，并且会随着财富拥有人的投资以及财富自身增殖等原因不断地以较快的速度加重，因而其改善的难度也相对较大。

贫富差距过大等社会不公现象不仅意味着大比例社会成员的生活品质无法得到应有的改善，而且社会不公现象必然会引发大量的社会矛盾冲突，进而损害社会的安全运行和健康发展。习近平总书记指出："中央全面审视和科学分析我国经济社会发展现状和态势，认为这个问题不抓紧解决，不仅会影响人民群众对改革开放的信心，而且会影响社会和谐稳定。"[3] 而解决贫富差距过大等社会不公问题的关键就在于有效地促进社会公平正义。在同样雄厚财富总量给定的条件下，在不同国家不同基本制度安排的条件下，社会的贫富差距状况很不相同。中国是社会主义国家。社会主义十分看重社会的公平正义问题，而社会公平正义的一项基本内容就是要实现全体人民"共同"的富裕。共同富裕强调的是全体人民"共同"的富裕。"共同"的富裕是指社会

---

[1] 参见中国人民银行调查统计司城镇居民资产负债调查课题组:《2019年中国城镇居民家庭资产负债情况调查》,《中国金融》2020年第9期。

[2] 参见甘犁等:《收入不平等、流动性约束与中国家庭储蓄率》,《经济研究》2018年第12期。

[3] 习近平:《切实把思想统一到党的十八届三中全会精神上来》,《求是》2014年第1期。

各个群体相互间的互惠互利、普遍受益，而不是指少数人的富裕，更不是指建立在多数人利益受损之上的少数人富裕。习近平总书记指出，要"使全体人民朝着共同富裕方向稳步前进，绝不能出现'富者累巨万，而贫者食糟糠'的现象"①。只有基于全体人民"共同"的富裕，方能够求得整个中国社会的团结和安全运行，方能够求得整个中国社会文明的不断进步。

（三）共同富裕社会是一个全面发展的社会

共同富裕社会并非仅仅指人们在物质生活上的富裕，而是包括丰富多彩的经济生活、政治生活、文化生活、社会生活以及宜人的生态环境。"人民美好生活需要日益广泛，不仅对物质文化生活提出了更高要求，而且在民主、法治、公平、正义、安全、环境等方面的要求日益增长。"②所以，中国的社会主义现代化建设理应是包括经济、政治、文化、社会以及生态文明等内容在内的各个方面的社会主义现代化建设。

任何一个社会的现代化建设都不可能只是局限于物质层面或精神层面的发展或单方面突进。社会共同体是一个由经济、政治、文化、社会以及生态文明等多方面内容共同组成的有机整体。缺少其中任何一方面的内容，社会共同体便不能够成立。与此相应，社会共同体的现代化建设是一个包括经济、政治、文化、社会以及生态文明等方方面面内容在内的现代化建设。"社会机体的各个环节、各个层面以及

---

① 习近平：《在党的十八届五中全会第二次全体会议上的讲话（节选）》，《求是》2016年第1期。
② 习近平：《决胜全面建成小康社会　夺取新时代中国特色社会主义伟大胜利——在中国共产党第十九次全国代表大会上的报告》，《人民日报》2017年10月28日。

各种成分之间存在着一种相互渗透、相互制约、相互促进的关系；不存在以某个环节、某个层面为绝对主动的一极，而以其他环节或层面为绝对被动的一极，从而前者的推进就一定能够决定后者推进的可能性。""发展必定意味着社会机体各个环节、各个层面以及各种成分的相互促进、共同发展。"① 单方面的现代化建设会由于缺少别的方面现代化内容的有效支撑而不可能持续进行下去。在改革开放初期，中国由于过于看重经济现代化而相对忽略了社会建设和生态文明建设的重要性，致使经济发展与社会发展之间出现了某种不平衡现象，出现了生态环境不同程度地被破坏的现象，进而使现代化建设付出了一定的代价。据统计，2003 年，中国环境污染损失占国民收入（GNI）的比例高达 3.12%，远远高于世界 0.81% 的平均水平，② 其中的教训值得吸取。

作为中国中级社会主义现代化阶段的共同富裕社会的建设，必须注重社会共同体各个方面的协调发展。基于此，我国必须全面推进经济、政治、文化、社会以及生态文明这五个基本方面的社会主义现代化建设。"中国特色社会主义就是要建设社会主义市场经济、民主政治、先进文化、和谐社会、生态文明，促进人的全面发展，促进社会公平正义，逐步实现全体人民共同富裕。"③

---

① 吴忠民等主编：《发展社会学》，高等教育出版社 2002 年版，第 361 页。
② 参见中国现代化战略研究课题组等：《中国现代化报告 2007——生态现代化研究》，北京大学出版社 2007 年版，第 166 页。
③ 习近平：《共倡开放包容 共促和平发展——在伦敦金融城市长晚宴上的演讲》，《人民日报》2015 年 10 月 23 日。

三、"共同富裕社会"的合理边界

我们在理解共同富裕社会的内涵,亦即弄清共同富裕社会"是一个什么样的社会"的同时,还应进一步把握住共同富裕社会的合理边界,弄清共同富裕社会"不是一个什么样的社会"的问题。如是,便可以相对比较全面准确地、更深入地理解共同富裕社会的内涵。

就共同富裕社会的合理边界而言,我们有必要从价值取向、经济体制、分配方式以及财政负担能力这几个十分重要的角度分别弄清以下几个问题。

(一)共同富裕社会离不开人的自由全面发展

自由全面发展是共同富裕社会当中的一项不可缺少的价值取向。共同富裕社会包括两个相辅相成的基本价值取向:一要让全体人民共享社会发展成果,二要为每一个社会成员的自由全面发展提供充分的空间。对于共同富裕社会来说,这两个基本价值取向缺一不可。"共享"的意义在于求得整个社会的团结和整合,而"自由全面发展"的意义则在于求得整个社会活力和创造力的激发。缺少其中的任何一项,共同富裕社会便无法成立。

在现代社会条件下,每一个社会成员都拥有其自身的独立性和自主性,在法律的范围内拥有自由全面发展的权利和自由选择的空间。在马克思、恩格斯那里,"人的自由全面发展"占据一个至关重要的位置。马克思、恩格斯指出:"每个人的自由发展是一切人的自由发展的条件。"[1] 习近平总书记在纪念马克思诞辰200周年大会上的讲话中,

---

[1]《马克思恩格斯全集》第三十九卷,人民出版社1974年版,第189页。

引用了恩格斯的一个重要论断：在社会主义条件下，社会应该"给所有的人提供真正的充分的自由"①。只有在拥有自主自由发展的条件下，每一个社会成员方能心怀希望，方能进行合意性的选择，方能进行自致性的努力如进行自主创业，方能充分释放自身的潜能。习近平总书记指出："我们的方向就是让每个人获得发展自我和奉献社会的机会，共同享有人生出彩的机会，共同享有梦想成真的机会。"②如果每一个社会成员自身的潜能都能够充分地释放出来，那么整个社会的活力和创造力就能够被充分地激发出来，整个社会的现代化建设就会由此获得巨大的推动力量。改革开放以来，中国民众获得了空前的自由发展空间，"社会观念、社会心理、社会行为发生深刻变化"③，而且社会流动机会空前增多。1980 年中国的城镇化率为 19.39%，2000 年为 36.22%，2020 年为 63.89%。④2020 年流动人口为 37582 万人，农民工为 28560 万人。⑤由此，中国社会所蕴藏的潜能得以极大的释放，生产力得以极大的解放。可以这样说，如果社会没有这样一种巨大的自由发展，中国的改革开放就不可能取得举世公认的巨大成就。

具体到共同富裕社会的建设来说，固然必须强调共享社会发展成果，但同时必定离不开人的自由全面发展。若没有人的自由全面发展，

---

① 《马克思恩格斯全集》第二十一卷，人民出版社 1965 年版，第 570 页。
② 习近平:《在中法建交 50 周年纪念大会上的讲话》,《人民日报》2014 年 3 月 29 日。
③ 习近平:《在经济社会领域专家座谈会上的讲话》,《人民日报》2020 年 8 月 25 日。
④ 参见国家统计局:《中国统计年鉴 2020》，中国统计出版社 2021 年版，第 31 页。
⑤ 参见国家统计局:《中华人民共和国 2020 年国民经济和社会发展统计公报》，国家统计局网站 2021 年 1 月 18 日。

"就意味着大部分社会成员缺少发展的机会、预设的前景和希望,遑论努力和奋斗的昂扬意愿。而社会财富增长与积累缓慢或停滞的逻辑结果,只可能是既存的普惠性公正局面随着所依赖的物质基础巩固乏力与不断销蚀,渐次走向不可持续甚至崩溃的境地"①。如是,共同富裕社会的建设也就失去了最为基本的推动力量,共同富裕社会的建成也就无从谈起。

(二)共同富裕社会离不开社会主义基本经济制度

社会主义市场经济体制是中国社会主义现代化建设当中一项基本的经济体制安排,具有不可替代的作用。习近平总书记指出:"理论和实践都证明,市场配置资源是最有效率的形式。市场决定资源配置是市场经济的一般规律,市场经济本质上就是市场决定资源配置的经济。"② 社会主义市场经济体制基本功能在于:一是从宏观角度看,市场经济可以通过价格体系来促成生产要素的充分化流动,实现供求关系的协调平衡;二是从微观角度看,市场经济可以通过厂家、相关组织以及相关人员之间充分而且公平的竞争,来实现产品成本的最小化、产品效益的最大化以及生产过程本身效率的最大化;三是能够更好发挥政府作用,实行科学、适度、有效的宏观调控。只有在社会主义市场经济条件下,各种生产要素方能有效地聚集起来,生产厂家方能形成低成本、高效率的经济生产。

毫不动摇巩固和发展公有制经济,毫不动摇鼓励、支持、引导非

---

① 吴忠民:《普惠性公正与差异性公正的平衡发展逻辑》,《中国社会科学》2017年第9期。
② 习近平:《关于〈中共中央关于全面深化改革若干重大问题的决定〉的说明》,《人民日报》2013年11月9日。

公有制经济发展，这既是中国特色社会主义的内在要求，也是当前中国实际发展的现实要求。习近平总书记指出，"必须坚持和完善我国社会主义基本经济制度和分配制度，毫不动摇巩固和发展公有制经济，毫不动摇鼓励、支持、引导非公有制经济发展"①。而且，应当"深化国资国企改革，做强做优做大国有资本和国有企业。加快国有经济布局优化和结构调整，发挥国有经济战略支撑作用"②。同时，必须坚持按劳分配为主体、多种分配方式并存，完善相关制度和政策，合理调节城乡、区域、不同群体间分配关系。唯其如此，方能够确保从经济基础层面上有效地支撑整个社会主义现代化进程的推进，从而为"共同富裕社会"提供有力支撑。

可见，作为社会主义现代化建设当中一个重要阶段的共同富裕社会建设，不可能在离开社会主义市场经济体制和社会主义基本经济制度的条件下进行。

（三）共同富裕社会并不是平均主义社会

在初次分配领域和再分配领域以怎样的方式对社会财富进行分配，对于一个社会的利益关系的协调与否、其活力能否被激发、社会能否保持安定局面以及社会主义现代化建设能否持续推进，均有着极为重要的影响。

平均主义是一种强调人均一份的分配方式。这种分配方式有一个难以克服的不公正之处，即在初次分配领域，不是按照每一个社会成

---

① 习近平：《决胜全面建成小康社会　夺取新时代中国特色社会主义伟大胜利——在中国共产党第十九次全国代表大会上的报告》，《人民日报》2017年10月28日。

② 《中共中央关于制定国民经济和社会发展第十四个五年规划和二〇三五年远景目标的建议》，《人民日报》2020年11月4日。

员具体贡献的大小进行相对应的有所差别的公正分配,而是简单地采取人均一份的方式进行无差别的分配。

我们知道,当前时期社会成员极为看重自己的切身利益,同时,每一个社会成员在社会财富形成过程当中的具体贡献是不一样的。从客观上看,在财富形成过程中,人们在劳动、知识、技术、资本等生产要素的付出上有差别,甚至有较为明显的差别。所以,在初次分配领域,公正的做法应当是,按照每一个社会成员具体贡献的不同来进行相应的有所差别的分配。"每一个生产者,在作了各项扣除以后,从社会领回的,正好是他给予社会的。他给予社会的,就是他个人的劳动量。"①

只有将每一个社会成员的具体贡献同其切身利益关切两者有机地结合在一起,方能充分激发每一个社会成员创造财富的积极性,进而造成如是局面:"让一切劳动、知识、技术、管理、资本的活力竞相迸发,让一切创造社会财富的源泉充分涌流。"②

平均主义的最大弊端就在于将每一个社会成员的具体贡献同其切身利益关切两者分离开来,从而使社会成员丧失了创造财富的积极性。正如邓小平所指出的那样:"搞平均主义,吃'大锅饭',人民生活永远改善不了,积极性永远调动不起来。""过去搞平均主义,吃'大锅饭',实际上是共同落后,共同贫穷,我们就是吃了这个亏。"③

如果不从内涵上看,而只从外观上看,平均主义与共同富裕有些相似之处,故而有时容易使人们形成误判,错将两者混为一谈,进而

---

① 《马克思恩格斯选集》第三卷,人民出版社1995年版,第304页。
② 《中共中央关于全面深化若干重大问题的决定》,《求是》2013年第22期。
③ 《邓小平文选》第三卷,人民出版社1993年版,第157、155页。

又会对共同富裕社会形成误判。这一点值得引起人们的警惕。

（四）共同富裕社会并不是福利过度的社会

从经济和财政所能够负担的角度看，日益完善和提升的福利制度和福利水平虽然是共同富裕社会的题中应有之义，但是必须看到的是，一个国家的福利水平必须同该国经济实力和财政能力的水平相适应。"收入提高必须建立在劳动生产率提高的基础上，福利水平提高必须建立在经济和财力可持续增长的基础上。"① 从客观上讲，受多种因素的影响，民众对于福利水准的期望值一般要远高于经济发展的实际速度。一方面，民众对于福利的期望值容易出现相对过快增长的情形。马克思指出："人以其需要的无限性和广泛性区别于其他一切动物。"② 民众对于福利的期望值经常能够以较快的速度甚至在某个时期会以指数增长的方式扩张。而且，民众对于福利的需求具有某种"只能上不能下"的刚性特征，即一般来说，在一部分社会成员那里，福利水准的提高是理所当然的事情，福利的下降则是不被允许的。另一方面，比之民众的期望值，经济的发展却只能以一个相对有限的速度进行。任何一个进行现代化建设的国家，在经过一个相对高速增长的阶段之后，一般都会进入相对平缓的发展时期，6%左右或更低的经济增长速度是一个常态。

现实的问题是，一个国家福利水平的增长速度一旦超出其经济实力和财政能力所能够"负担"的限度，那么该国就容易进入福利过度的陷阱，进而会面临一系列严重的问题，使其自身的现代化建设出现

---

① 《习近平关于社会主义社会建设论述摘编》，中央文献出版社2017年版，第38页。

② 《马克思恩格斯全集》第四十九卷，人民出版社1982年版，第130页。

迟滞甚至是变形走样的情形。习近平总书记指出："过度福利化，用过度承诺讨好民众，结果导致效率低下、增长停滞、通货膨胀，收入分配最终反而恶化。"① 一些深陷"高福利陷阱"的发达国家和发展中国家的实际状况说明，过度的福利政策使这些国家不仅由于巨量福利资金力不胜任的支出而不同程度地失去了发展的活力，而且由于养成了一批不劳而获的"懒汉"，因而造成另一种类型的社会不公现象，即劳动付出较少的或没有劳动付出的社会成员侵占劳动付出较多的社会成员的合理利益。问题的严重性在于，这些国家一旦落入"高福利陷阱"，想要矫正这种过度的、明显不公正的高福利政策，也十分困难。原因不难理解，由于高福利已经成为这些国家民众现有利益的一个有机组成部分，所以，民众出于维护这种切身利益的考虑，哪怕是实行从长远看有益的、合理的政策，对现有不合理的过度福利政策进行必要的调整，也往往会招致民众不同程度的、较为广泛的抵制，甚至会引发社会骚乱，进而影响社会的安全运行和健康发展。

---

① 《习近平关于社会主义社会建设论述摘编》，中央文献出版社 2017 年版，第 38 页。

赖德胜 中共中央党校（国家行政学院）社会和生态文明教研部副主任、教授

在高质量发展中实现共同富裕的若干思考

共同富裕是社会主义的本质要求，是中国式现代化的重要特征。党的十九届五中全会提出到 2035 年基本实现社会主义现代化时"全体人民共同富裕取得更为明显的实质性进展"，这表明我国已经将共同富裕的理想进行制度化实践，具体化为行动目标，并制定了清晰的时间表和路线图。这对于全面建成社会主义现代化强国、实现中华民族伟大复兴具有重大的理论和现实意义，必将在人类社会发展史上产生深远影响。

一、共同富裕的时代内涵

中国共产党始终坚守初心和使命，团结带领全国各族人民不断为美好生活而奋斗。在新民主主义革命时期，带领人民开展土地革命，使农民拥有土地这一最重要的生产资料，为共同富裕奠定基础。新中

国成立以后，按照"公私兼顾、劳资两利、城乡互助、内外交流"方针，国民经济逐渐恢复。通过"一化三改"，建立了社会主义基本经济制度，明确提出要实现共同富裕。毛泽东指出："现在我们实行这么一种制度，这么一种计划，是可以一年一年走向更富更强的，一年一年可以看到更富更强些。而这个富，是共同的富，这个强，是共同的强，大家都有份。"① 改革开放后，邓小平提出社会主义的本质是"解放生产力，发展生产力，消灭剥削，消除两极分化，最终达到共同富裕"，并提出了"先富共富"的构想。党的十八大以来，以习近平同志为核心的党中央更加重视共同富裕问题，正如习近平总书记所指出的："在全面建设社会主义现代化国家新征程中，我们必须把促进全体人民共同富裕摆在更加重要的位置，脚踏实地、久久为功，向着这个目标更加积极有为地进行努力，促进人的全面发展和社会全面进步，让广大人民群众获得感、幸福感、安全感更加充实、更有保障、更可持续。"②

共同富裕从理想变为现实，是个长期的过程。共同富裕在不同发展阶段会被赋予不同的内涵。中国特色社会主义已经进入新时代，这是我国发展新的历史方位，共同富裕具有新的时代内涵。

（1）共同富裕与人的全面发展相协同。受生产力发展的制约，我国长时期以来在实践中所追求的共同富裕更多是经济层面的，是收入方面的。比如，邓小平讲："要允许一部分地区、一部分企业、一部分工人农民，由于辛勤努力成绩大而收入先多一些，生活先好起来。一部分人生活先好起来，就必然产生极大的示范力量，影响左邻右舍，

---

① 《毛泽东文集》第六卷，人民出版社1999年版，第495页。
② 习近平：《在全国脱贫攻坚总结表彰大会上的讲话》，《人民日报》2021年2月26日。

带动其他地区、其他单位的人们向他们学习。这样，就会使整个国民经济不断地波浪式地向前发展，使全国各族人民都能比较快地富裕起来。"① 这个先富共富的逻辑过程主要是以经济收入来衡量的。收入确实很重要，因为只有物质财富的源泉得到极大的涌流，社会成员才能享有丰裕的物质生活和广泛的经济社会权利，获得体力和智力充分的发展。收入达到一定水平，是共同富裕的物质基础。经过40多年的经济增长，若以收入来衡量，不仅先富的目标已经实现，而且共富的进程已加快。但仅以收入来衡量共同富裕，又有很大偏颇，与马克思关于未来社会每个人的全面发展的基本原则相比，不甚一致。实际上，如果富裕只是收入层面上的提高而没有人的全面发展，共同富裕目标也很难实现。因此，习近平总书记在庆祝中国共产党成立100周年大会上的重要讲话中强调"推动人的全面发展、全体人民共同富裕取得更为明显的实质性进展"。这要求统筹做好就业、收入分配、教育、社保、医疗、住房、养老、扶幼、生态、文化等各方面工作，每个人的自由选择得到尊重，潜能得到激发，德智体美劳全面发展，全体人民普遍达到生活富裕富足、精神自信自强、环境宜居宜业、社会和谐和睦、公共服务普及普惠，共享改革发展成果和幸福美好生活，获得感、幸福感、安全感不断提高。

（2）共同富裕无论过程还是结果都更加强调公平。我国一直重视公平与效率的关系。在社会主义革命和建设时期，相对来说，公平被置于更加重要的地位。在改革开放时期，相对来说，效率被置于更加重要的地位。比如，党的十四届三中全会通过的《中共中央关于建立

---

① 《邓小平文选》第二卷，人民出版社1994年版，第152页。

社会主义市场经济体制若干问题的决定》明确提出要在个人收入分配上体现效率优先、兼顾公平的原则。这极大地激发了各生产要素的活力，先富效果显著。但发展的成果并没有自动地公平地涓滴到后富群体中，收入差距变动的拐点也不是自动到来的。事实证明，对过程公平性的强调以及切实采取措施，是共同富裕的内在需要。因此，党的十八大以来，坚持效率与公平均衡发展，坚持和完善共建共治共享的社会治理制度。全面小康社会的建成和绝对贫困问题的历史性解决，为在共建共治中实现共享和共同富裕奠定了坚实基础。未来的共同富裕之路必须继续坚持效率与公平均衡发展，通过过程的公平来更好达到结果的公平。

（3）共同富裕有了具体的时间表和路线图。在我国历史上的绝大部分时间里，共同富裕始终是一种写在纸面上的理想，间或有共同富裕的实践。今天我们比历史上任何时候都更加接近共同富裕的理想，实现共同富裕进入了不可逆转的历史进程。因此，党的十九届五中全会提出到2035年基本实现社会主义现代化远景目标时"全体人民共同富裕取得更为明显的实质性进展"，在"十四五"期间要"扎实推动共同富裕"，并提出了一系列重要部署和重大举措。为实现共同富裕确定具体的时间表，这在党的全会文件中是第一次，在中国历史上是第一次，在人类历史上也是第一次。这既指明了前进方向和奋斗目标，彰显了我们党团结带领全国各族人民实现共同富裕的决心和信心，也是实事求是、符合发展规律的，有利于在工作中积极稳妥把握，在促进全体人民共同富裕的道路上不断向前迈进。由于我国发展还不平衡不充分，各地区推动共同富裕的基础和条件不尽相同，因此，共同富裕的实现不可能整齐划一同步走，而是要分阶段逐步实现。为此，制定了实现共同富裕的路线图,那就是"先试点,后推广",选取基础条件比较好的浙江省进行试点,建设共同富裕示范区。《中共中央、国务院关于支持浙江高质量发展建设共同富裕示范区的意见》出台,对浙江省如何建设共同富裕示范区提出明确要求,到2035年,浙江省基本实现共同富裕。在总结评价基础上,建立健全示范推广机制。时间表和路线图的确定,为逐步而又总体实现全体人民共同富裕,提供了操作指南。

二、共同富裕的主攻方向

为扎实推动共同富裕,使全体人民共同富裕取得更为明显的进展,要紧紧围绕增进经济增长的充分性和发展的平衡性以及提高中等收入群体比重三个方面做文章。

(1)增进经济增长的充分性。只有生产力足够发达,财富足够涌现,收入水平足够高,才谈得上共同富裕。但要多少才算是共同富裕取得明显进展,官方并没有给出确切的数字,这留下了足够大的讨论空间。这既有内容设定的问题,也有参照系的问题。比如,共同富裕的参照系,是跟自己比,还是跟其他国家比?综合来看,在共同富裕的各个方面中,收入是核心指标,而且共同富裕不是关起门来自说自话,要有一定的国际标准。根据《中共中央、国务院关于支持浙江高质量发展建设共同富裕示范区的意见》,到2025年,浙江省推动高质量发展建设共同富裕示范区取得明显实质性进展的一个重要指标是人均地区生产总值达到中等发达经济体水平。这意味着,达到中等发达经济体的人均收入水平是共同富裕的前提条件。这就内在地要求经济增长要保持一定的速度。因此,根据新发展阶段的新特征,强化既有增长动力，寻找新增长动力，确保经济维持中高速增长，把"蛋糕"做得更大，是实现共同富裕的主攻方向之一。

当然，经济增长的充分性不仅表现在数量和速度上，还表现在结构优化和质量提升上，结构性失衡和生态环境遭到破坏都是增长不充分的表现。要深化供给侧结构性改革，促进城乡居民收入增长与经济增长更加协调，构建产业升级与消费升级协调共进、经济结构与社会结构优化互促、人与自然和谐共生的良性循环，提高经济增长的质量和韧性。

（2）增进发展的平衡性。全体人民比较平等地共享改革发展成果，城乡差距、区域差距、收入差距比较小，是共同富裕的内在要求和外在表现。但现实是，发展的不平衡性还普遍存在，人民群众还有很多急难愁盼问题，这也是实现共同富裕所必须攻克的难题。虽然城乡关系和区域关系在某种意义上都表现为空间上的关系，但在性质上有很大的不同。不同区域之间差距的形成，更多的是受自然、历史、文化、政策等影响，很大程度上是发展的问题。比如，西部地区发展条件没有东部地区优越，在市场经济条件下，大量资源集聚于东部地区，因而东部地区先于西部地区得到发展、更快发展，东西部之间差距不断扩大。最近这些年，区域问题不仅有东、中、西部地区之间的差距问题，还有南北地区之间的差距问题。而城乡之间差距的形成，除发展问题之外，还有体制机制问题。虽然国家实施了脱贫攻坚战略，历史性地解决了绝对贫困问题，并开始实施乡村振兴战略，城镇资源不断往农村输送，城乡之间的收入差距呈缩小之势，但仍然处于高位，远高于中等发达经济体的平均水平。这还是就居民人均可支配收入来说，如果考虑到教育、就业、医疗、卫生、文化等因素，城乡差距更大。

因此，增进发展的平衡性，必须明显缩小区域差距和城乡差距。收入差距反映的是不同人群之间的收入分配关系，对区域收入差距和城乡收入差距也有所体现。实际上，根据有关研究，我国总体收入差距的很大一部分都来自城乡收入差距和区域收入差距。

与收入分配差距相关的是财产分配的差距。经过几十年的积累，我国居民所拥有的财产数量越来越多，财产的种类也越来越多，既有存款、房产等传统型财产，也有知识产权、数据等现代性财产。有研究表明，财产分配差距要明显高于收入分配差距。财产不仅影响当期收入分配，而且影响长期和代际收入分配。因此，促进发展的平衡性，要有效调控好财产分配的差距。

（3）提高中等收入群体比重。中等收入群体占有较高比例，形成"橄榄型"分配结构，不仅能缩小总体收入差距，而且易于扩大消费，促进形成以国内大循环为主体、国内国际双循环相互促进的新发展格局，易于达成主流社会价值观，促进社会稳定，是共同富裕的重要体现。党的十六大首次提出"扩大中等收入者比重"的任务，后来的历次党代会也都对扩大中等收入群体提出了明确要求。虽然对中等收入群体的界定和衡量标准还有争议，但多数文献认为，经过几十年的积累，特别是党的十八大以来，我国中等收入群体无论规模还是比例都显著增加了。当前我国中等收入群体人数约 4 亿，占比将近 30%，规模为世界最大。党的十九届五中全会提出到 2035 年"中等收入群体显著扩大"。何为"显著扩大"，官方也没有给出确切数字。但要使全体人民共同富裕取得更为明显的实质性进展，中等收入人口达到 7 亿和中等收入群体比重达到 50%，是基本的要求。从发展的眼光来看，考虑到现有的中等收入群体有部分将进入高收入群体，7 亿规模的中等收入群体意味着将至少有 3 亿现有的低收入人口成为中等收入者。这是历史性的人口结构变革，将极大地改善总体收入分配状况，为共同富裕奠定扎实基础。

三、共同富裕的实现路径

共同富裕既是一种结果，也是一个过程，这个过程注定是长期的、艰巨的、复杂的，因此，要创新动力、保持定力、循序渐进、压茬有序推进。

（1）推动经济高质量发展。进入新发展阶段，经济增长要体现新发展理念，将"创新、协调、绿色、开放、共享"新发展理念贯穿经济增长的始终和各个方面，实现高质量发展。其中，创新是关键，创新在现代化建设全局中处于核心地位，经济增长要从投入为主转向创新驱动。为此，要发挥新型举国体制的优势，集中力量进行联合攻关和持续攻关，在基础理论和关键核心技术方面取得突破，摆脱受制于人的被动局面。同时，要激发人的能动性和创造性，因为创新的关键在于人。我国过去依靠人力资源优势成为"世界工厂"，依靠"人口红利"实现了经济增长。随着劳动年龄人口的减少和老龄化社会的加速来临，我国的"人口红利"逐渐消失，但"人力资本红利"悄然而至。经过高等教育和职业教育的快速发展，我国的人口素质已经得到很大提升。这形成了巨量的人力资本，只要这巨量的人力资本释放出潜能，任何国家和力量都无法阻止我国创新的脚步，可以说，我国正处于科技创新大爆发的前夜。为使"人力资本红利"得到更好更充分释放，一要优化人力资本的配置，使那些有较高人力资本的劳动者能够充分而高质量就业，为人力资本发挥作用提供合适的平台。如果就业不充分，将是人力资本的闲置和浪费，不利于创新。二要形成科学的评价和激励机制，克服唯学历、唯资历、唯论文等倾向，真正做到能者上、庸者下，各尽所能、各得其所，使科研人员有动力去从事创新，使企业家和经营者去推广使用创新。三要营造尊重知识、尊重人才、尊重创造的氛围，弘扬科学家精神、工匠精神和企业家精神等，使这些精神转化为创新发展的强大力量。

（2）加大人力资本投资。教育的普及和提升是人的全面发展的重要前提，教育公平发展本身就是共同富裕的重要内容，同时，在向全体人民共同富裕目标实质性迈进的过程中，教育等人力资本发挥着重要作用。这其中至少有三个逻辑。一是教育与技术之间的关系。创新驱动发展意味着社会有明显的技术进步，而技术进步往往是技能偏好型的。如果人力资本的供给跟不上需求，则会扩大高低教育程度者之间的收入差距，不利于共同富裕。一个比较理想的结果是教育和技术之间形成动态匹配性关系。教育既促进技术进步和经济增长，又能够不断满足劳动力市场对高教育程度者的需求，使收入差距得到比较好的控制。二是技术进步引致的工作性质的变革。正在发生的以人工智能、大数据、物联网、区块链等为代表的新一轮科技革命，将改变工作的性质，大量的中等技能工作将被智能机器所替代，只有高技能工作和为生活服务的低技能工作还会大量增加，这将导致就业的两极分化。由于中等收入群体中的很大比例都是中等技能劳动者，工作替代和就业极化将会冲击中等收入群体的经济基础。教育、培训等人力资本投资会给劳动者赋能，是应对工作性质变革最重要的手段。三是中等收入群体的扩大。正如前文所述，共同富裕有赖中等收入群体规模的扩大，需要有更多的低收入者跃升成为中等收入者。有研究表明，低收入者的共同特征之一是受教育程度比较低，就业层次也比较低。因此，使中等收入群体规模有明显的扩大，关键是要进一步提高低收入者的受教育程度，使其有更强的就业创业能力。

加大人力资本投资，方向有三。一是增进教育的普惠性和公平性，缩小教育分配的差距，特别是要为低收入者、困难群体、下岗失业人员、边缘群体等提供更多更公平的受教育机会，通过教育促进代际流动，使每一个人都有出彩的机会，都有梦想成真的可能。二是增进教育的适配性。教育是面向未来的，要为社会主义现代化建设事业培养接班人，为构建新发展格局和建设现代化经济体系提供合格劳动者。因此，要深化改革，优化教育结构，提高教育质量，教育要更好地聆听劳动力市场的声音，使教育特别是高等教育和职业教育与劳动力市场之间有更好的衔接和互动。三是加强培训，为人们提供全生命周期学习的机会，以更好地对冲人力资本的折旧，增强创新创业和转岗适岗能力，为人们不断适应科技进步和产业结构转型升级提供持续支持。

（3）改善收入分配。合理的收入分配制度和政策，既能促进"蛋糕"做大，也能促进"蛋糕"更好分配。在初次分配中要始终坚持按劳分配为主体、多种分配方式并存的原则，健全劳动、资本、土地、知识、技术、管理、数据等生产要素由市场评价贡献、按贡献决定报酬的机制，更好兼顾公平与效率。由于劳动收入比其他收入差距更小，提高劳动报酬在初次分配中的比重，有利于缩小收入差距，实现共同富裕。为此，要在更加充分就业基础上进一步提高就业质量，健全工资合理增长机制，合理调整最低工资标准，坚持经济增长与城乡居民收入同步增长、劳动生产率提高与劳动报酬同步提高，构建和谐劳动关系，使劳动者更好分享企业发展的成果。近年来，以快递员、网约工、货车司机等为代表的新就业形态从业人员不断增加。但新就业形态从业者的权益保障还不到位，在劳动报酬、工作时间、劳动安全、社会保险等方面，还存在着法律法规短板，要及时补上。在再分配过程中要更好发挥政府的调节作用，健全以税收、社会保障、转移支付等为主要手段的再分配调节机制。对高收入者，要更好发挥税收调节作用，可适时开征房产税和遗产税，促进代际公平。对中等收入者和低收入者，要更好发挥社会保障和转移支付的作用，健全基本公共服务体系，推动基本公共服务均等化，在发展中不断保障和改善民生。更加重视和更好发挥慈善事业、民间捐赠等第三次分配的作用，在法律、政策、社会环境等方面鼓励先富裕起来的企业和人群，承担更多社会责任，拿出更多财富，更好回报社会，从事公益慈善事业，支持和帮助后富者改善生活、教育、医疗、卫生等条件。

（4）统筹城乡区域发展。随着农业劳动生产率的进一步提高，农村人口和劳动力继续向城镇转移仍是大势所趋。积极推进以人为中心的新型城镇化，提高城镇化的质量。比如，使户籍人口城镇化率与常住人口城镇化率不断接近，使城镇居民有更加优质公平的教育和医疗服务，更畅通的出行体验，更舒适的居住条件，更优美的生态环境，更安全的生活空间，更多样的发展机会等，特别是要使农民工等非户籍人口能在城镇享受到比较均等的基本公共服务。但城镇化要避免以牺牲乡村发展为代价，乡村有独立存在的功能，城乡融合发展，各美其美，是我国现代化的特色之一。巩固脱贫攻坚成果，实施乡村振兴战略，加强乡村基础设施建设，使农业更强、农民更富、农村更美。农民是乡村振兴的主体，要不断提高农民的受教育程度和专业技能，培养和壮大职业农民群体，切实发挥农民在乡村振兴中的主动性和创造性。深化土地制度改革，引导土地经营权有序流转，使集体经济更好发挥促进共同富裕的作用。实施区域协调发展战略，积极发挥中心城市和城市群的作用，打造更多增长极和创新极，在构建新发展格局进程中更好地发挥增长极和创新极的示范引领作用和外溢带动作用。加大力度支持革命老区、民族地区、边疆地区加快发展，使这些地区更好地融入以国内大循环为主体、国内国际双循环相互促进的新发展格局之中。发挥社会主义制度"坚持全国一盘棋"的显著优势，深入实施东西部协作和对口支援，加强先富地区对后富地区的支持和帮扶。

刘培林	浙江大学区域协调发展研究中心研究员
钱　滔	浙江大学区域协调发展研究中心博士
黄先海	浙江大学副校长、教授
董雪兵	浙江大学中国西部发展研究院副院长、教授

共同富裕的内涵、实现路径与测度方法

党的十九届五中全会科学研判国际国内形势和我国发展条件，对全面建成小康社会之后我国全面建设社会主义现代化国家新征程作出了重大部署，提出到2035年"全体人民共同富裕取得更为明显的实质性进展"的目标。这在党领导全国人民团结奋斗的历史上具有重要的里程碑意义。本文围绕共同富裕的重大意义、实质、内涵、实现路径、测度指标以及相关的战略和政策等重大问题展开分析。

一、实现共同富裕是现代化新征程内在而紧迫的要求

党的十九大站在新的历史起点,擘画了到21世纪中叶把我国建成富强民主文明和谐美丽的社会主义现代化强国的宏伟蓝图。共同富裕既是顺利推进现代化进程的内在要求,也将成为中国特色社会主义现代化的鲜明特征。

(一)共同富裕是新时代解决我国社会主要矛盾的重要抓手

中国特色社会主义进入新时代,我国社会主要矛盾已经转化为人民日益增长的美好生活需要和不平衡不充分的发展之间的矛盾。共同富裕是人民对美好生活需要的重要内容。我国仍处于社会主义初级阶段,发展不平衡不充分问题尚未从根本上解决,中等收入群体比重不高,城乡区域发展差距、人群间收入分配差距较大,民生保障存在短板。在全面建成小康社会的目标实现之后,鲜明地提出共同富裕的接续奋斗目标,既能更加充分地解放和发展生产力,也将更有效、更直接地回应人民群众关切、满足人民对美好生活的需要。在新时代现代化建设征程中,围绕共同富裕目标推进各项工作,将带动实现更加平衡、更加充分的发展,从而更好地解决新时代社会的主要矛盾。

(二)共同富裕是中国特色社会主义现代化的鲜明特征

习近平总书记指出:"共同富裕是社会主义的本质要求,是人民群众的共同期盼。我们推动经济社会发展,归根结底是要实现全体人民共同富裕。"[①] 为人民谋幸福是党的初心,共同富裕是党对全体人民的

---

① 习近平:《关于〈中共中央关于制定国民经济和社会发展第十四个五年规划和二〇三五年远景目标的建议〉的说明》,《人民日报》2020年11月4日。

庄严承诺，是中国特色社会主义现代化区别于资本主义现代化的鲜明特征。确立共同富裕的目标，把促进全体人民共同富裕摆在更加突出的位置，将明确地昭示我们所要建设的现代化是全体人民共同富裕的现代化，将更有力地凝聚全体中国人民团结奋斗。我国人口规模巨大，14亿多人口实现以共同富裕为鲜明特征的现代化，既会彻底改写现代化的世界版图，也将彰显中国特色社会主义制度的优越性，在人类历史上产生深远影响。

（三）共同富裕是党巩固执政地位、提高执政能力，带领人民顺利推进现代化进程的内在要求

习近平总书记深刻指出，中华民族伟大复兴绝不是轻轻松松、敲锣打鼓就能实现的。党领导人民取得了全面建成小康社会的伟大成就，但要在百年未有大变局中实现民族伟大复兴，仍需迎接新的挑战。国际经验表明，贫富差距过大时不仅经济循环不畅，而且会导致社会动荡不安。环顾当今世界，不少发达资本主义国家面临着因为贫富差距拉大、社会阶层进一步固化而带来的尖锐社会矛盾，社会内部严重分化、分裂，甚至走向对立、动荡，民粹主义、民族主义抬头。第二次世界大战之后极少数相对顺利地从低收入或中等收入进入到高收入行列的经济体，其重要的共同点是都在追赶进程中把贫富差距控制在一定范围内；而长期陷于低收入陷阱和中等收入陷阱的经济体，大多数贫富差距很大。我国发展实践也证明，发展起来后的问题一点也不比不发展的时候少。① 能否实现共同富裕，既是对党的执政能力的新

---

① 比如，法国政府最近聘请包括多位诺贝尔经济学奖得主在内的权威学者组成团队，分析法国面临的三方面突出问题，其中之一就是经济不平等。

考验，也是判断世界各国治理能力和制度优势的重要标准。习近平总书记指出："实现共同富裕不仅是经济问题，而且是关系党的执政基础的重大政治问题。"① 今后必须借鉴正反两方面的经验教训，有效地提升党的执政能力，有力地推动共同富裕，才能巩固党的执政地位，顺利推进现代化进程。

二、共同富裕实质是全体人民共创共享日益美好幸福的生活

共同富裕实质是在中国特色社会主义制度保障下，全体人民共创日益发达、领先世界的生产力水平，共享日益幸福而美好的生活。具体内涵可以从政治、经济和社会三个层面加以把握。

（一）政治内涵：国强民共富的社会主义社会契约

中国人民选择了中国共产党，历史造就了中国共产党。党领导人民取得了全面建成小康社会的伟大功绩。面向未来，党必须带领人民实现国家现代化和共同富裕，创造新的历史伟绩。

1. 共同富裕是党的初心，是党对人民的庄严承诺，是党带领全体人民沿着中国特色社会主义道路团结奋斗的旗帜

习近平总书记指出："共同富裕，是马克思主义的一个基本目标，也是自古以来我国人民的一个基本理想。"② 中国共产党的初心和使命，就是为中国人民谋幸福，为中华民族谋复兴。毛泽东从参与领导土地革命到新中国成立后，一直在理论和实践上探索共同富裕的道路。邓

---

① 《深入学习贯彻党的十九届五中全会精神　确保全面建设社会主义现代化国家开好局》，《人民日报》2021年1月12日。
② 习近平：《在省部级主要领导干部学习贯彻党的十八届五中全会精神专题研讨班上的讲话》，《人民日报》2016年5月10日。

小平指出,"社会主义的本质,是解放生产力,发展生产力,消灭剥削,消除两极分化,最终达到共同富裕"。江泽民指出,"实现共同富裕是社会主义的根本原则和本质特征,绝不能动摇"。胡锦涛指出,要"走共同富裕道路,促进人的全面发展,做到发展为了人民、发展依靠人民、发展成果由人民共享"。

党的十八大以来,习近平总书记提出以人民为中心的发展思想和新发展理念,明确强调"共同富裕是中国特色社会主义的根本原则",实现共同富裕"是关系党的执政基础的重大政治问题"。

我们坚持走中国特色社会主义发展道路,坚持以人民为中心的发展思想,坚持人民至上,坚持发展为了人民、发展依靠人民、发展成果由人民共享。新时代现代化建设新征程中所着力推进的共同富裕,将充分激发全体人民的能动性和创造力,创造出日益发达、领先世界的生产力水平,并能让全体人民共享发展带来的幸福而美好的生活。这样的美好前景将鼓舞全体人民,凝聚起现代化建设的磅礴力量。

2. 国强民共富,从政治哲学角度看,就是与资本主义社会契约相对应的中国特色社会主义社会契约

社会制度的正当性、生命力、竞争力,根本上取决于其能否充分解放生产力、发展生产力、提升综合国力,能否让全体人民共同过上美好生活,实现社会公平正义。

启蒙运动时代的政治哲学以社会契约论取代君权神授论,为资产阶级的民主共和国提供了合法性论证。但是,恩格斯富有远见地指出,启蒙时代的"18世纪伟大的思想家们,也同他们的一切先驱者一样,没有能够超出他们自己的时代使他们受到的限制"。尽管一些资本主义国家的确创造了发达的生产力,但能够平等地享受这些发展成果的,

主要是资产阶级和社会精英群体,而且近年来呈现出金字塔塔尖更小、中产阶级萎缩的趋势。只是出于维护资产阶级统治或延缓资本主义经济危机的需要,资本主义国家才通过提供社会保障以及转移支付体系,让社会大众分享一定的发展成果。

与资本主义的社会契约论相对照,马克思、恩格斯在《共产党宣言》中提出了"自由人的联合体"思想,并设想共产主义社会将彻底消除阶级之间、城乡之间、脑力劳动和体力劳动之间的对立和差别,实行各尽所能、按需分配,实现每个人自由而全面的发展。基于唯物史观而发展起来的科学社会主义,指明了解放和发展生产力、最终实现人的自由全面发展的正确道路。马克思曾设想:在新的社会制度中,"社会生产力的发展将如此迅速,以致尽管生产将以所有人的富裕为目的,所有的人的可以自由支配的时间还是会增加"。恩格斯也曾设想:在社会主义社会,"通过社会生产,不仅可能保证一切社会成员有富足的和一天比一天充裕的物质生活,而且还可能保证他们的体力和智力获得充分的自由的发展和运用"。

在马克思主义指引下,党带领人民不断探索奋斗,于民族解放后较短时间内,在提高社会生产力水平、国家综合实力和促进人的全面发展方面,都取得了堪称奇迹的成就。尽管如此,当今发达资本主义国家中不少人却以资本主义的社会契约论为依据,或出于因社会制度和意识形态差异而产生的偏见,或基于对我国的片面偏颇的观察,罔顾我国发展成就,给我国发展道路贴上诸如"国家资本主义""权贵资本主义"的标签。

在不同社会制度的意识形态竞争的大背景下,旗帜鲜明地提出在推动国家富强、民族复兴、社会生产力进一步提高的过程中,实现全体人民共同富裕，充分展示中国特色社会主义制度的优越性，将更有力地昭示中国特色社会主义制度的根本理念，也将成为向全世界讲好中国故事的更加有力的底层逻辑和更加生动的叙事方式。

（二）经济内涵：人民共创共享日益丰富的物质财富和精神成果

1. 共同富裕以中国特色社会主义基本经济制度为保障，是基本经济制度的自然逻辑延伸

正如习近平总书记指出的那样："公有制为主体、多种所有制经济共同发展，以按劳分配为主体、多种分配方式并存，社会主义市场经济体制等社会主义基本经济制度，既有利于激发各类市场主体活力、解放和发展社会生产力，又有利于促进效率和公平有机统一、不断实现共同富裕。"[1]

2. 共同富裕建立在不断发展的生产力、不断增强的综合国力基础上

进步较慢的甚至停滞的生产力，无法支撑新时代面向现代化的共同富裕。新时代的共同富裕，不仅意味着纵向比较意义上的生产力进步，还意味着横向比较意义上较之资本主义国家更快的生产力进步，以满足人民群众对美好生活的日益提高、丰富和多样化的需求。

3. 共同富裕是全体人民的共同富裕、共享发展成果、共同过上幸福美好的生活

共同富裕是全体人民的共同富裕、共享发展成果、共同过上幸福美好的生活，而不仅仅是一部分人和一部分地区富裕、享有大部分发

---

[1]《坚持全面辩证长远眼光分析经济形势 努力在危机中育新机于变局中开新局》，《人民日报》2020年5月24日。

展成果和享受美好生活。这首先意味着生活水平差距不能过大，全体人民享受同等的基本公共服务，不能形成贫富严重分化、阶层固化的局面。但共同富裕也不意味着同等程度的富裕，不意味着生活水平差距越小越好，更不意味着平均主义，而是生活水平差距介于适度范围内，并与对社会所作的贡献相关联。

具体来讲，在社会主义初级阶段，一要让守法经营和富有创新创业成效者过上富足生活；让诚实劳动者过上富裕生活，进入中等收入阶层；让低人力资本水平者或失能者以及创业创新受挫者过上殷实而体面的生活；各阶层生活水平都随着发展阶段的提升而不断提高。二要形成城乡协调发展格局，城乡人民生活水平差距保持在适度范围内。三要形成区域协调发展格局，区域间生活水平差距保持在适度范围内。四要形成社会阶层和职业人群协调发展格局，不同社会阶层和不同职业行业就业人群生活水平差距保持在适度范围内。

4. 共同富裕意味着多维综合的幸福生活和人的全面发展

共同富裕的基础是物质生活的富裕，但也包括精神的自信自立自强，还包括环境的宜居宜业、社会的和谐和睦、公共服务的普及普惠、文化产品的丰富共享。多维度的幸福生活为每个人的全面发展创造良好条件。

5. 共同富裕是高质量发展状态和过程的统一，是当前和长远、阶段性目标和长远目标的统一

共同富裕作为一个状态意味着一定时期社会大多数人的生活水平要达到中等收入乃至富裕的水平，最低收入者的生活水平要有底线要求。作为一个围绕解决好新时代社会主要矛盾而持续进行的螺旋式上升的发展过程，共同富裕意味着包括最低收入者在内的社会各阶层的

生活水平都要随着发展阶段的提升而相应提升，但也要与所处发展阶段相适应而不能超出社会支撑能力。

（三）社会内涵：中等收入阶层在数量上占主体的和谐而稳定的社会结构

共同富裕意味着中等收入阶层在数量上占主体。这是一种和谐而稳定的橄榄型社会结构，大部分人口有体面、稳定、高质量的就业，有较高的收入和消费水平，享有良好的社会保障。城乡区域差距基本消失，人口流动基本上限于一定比例的更换就业岗位者，不再有大比例人口常态化地异地迁徙和流动。

（四）新时代共同富裕的美好愿景

新时代共同富裕承载着全体人民幸福美好生活的新期盼。在全面建设社会主义现代化新征程中，必须更加积极有为地促进共同富裕，实现新时代共同富裕的美好愿景。

（1）创富新格局。人人享有平等参与、平等发展权利，财产权利得到公平充分保障；人人拥有人生出彩、实现梦想的机会。

（2）富裕新生活。人人得到全面发展有尊严，人人享有幸福安康、从容安定的生活，社会文明程度达到新高度。

（3）共享新局面。守法经营和富有创新创业成效者过上富足生活，高绩效的劳动者过上富裕生活，低人力资本水平者或失能者以及创业创新受挫者过上殷实生活，人人享有均等的基本公共服务，城乡区域人群间收入水平、生活水平差距持续保持在适度范围。

（4）乐富新氛围。人人放心拥有合法财富、安心持有合法财富，家庭家族财富代际传承流转良好、有序，人人乐享财富、乐享富裕。

三、以更平衡更充分的高质量发展实现共同富裕

全体人民共创共享日益美好的生活，实现共同富裕，必须围绕解决好发展的不平衡不充分问题，以让全体人民公平积累人力资本、公平获得共创共建的参与机会、公平地共享发展成果为主要思路，以壮大中等收入群体、提高中等收入群体富裕程度为主要入手点，在高质量发展进程中，持续提高人均收入水平、缩小收入差距，推动各地区共同发展、缩小区域差距，推动城乡共同发展、缩小城乡差距，进而实现全民共富、全面富裕、共建共富、逐渐共富。

（一）以壮大中等收入群体为主要突破口推动人民共富、缩小生活水平差距

国内外的经验教训表明，在发展步伐较慢甚至不发展的条件下，单纯通过再分配缩小人群间收入差距，只会挫伤创造社会财富的积极性，最终导致共同贫穷。所以，要在生产力和平均收入水平普遍而持续提升的同时形成合理的分配关系，兼顾好"保障最底层、提低扩中层、激励较高层"的需要，从而可持续地缩小人群间生活水平差距和发展差距。

1. 从让人民公平积累人力资本、公平参与共创共建入手，壮大中等收入群体规模、提升中等收入群体富裕程度

中等收入群体是共同富裕的"基本盘"。壮大中等收入群体，既需要继续提高现有中等收入阶层的富裕程度，更需要推动大量目前的低收入阶层跻身中等收入阶层并继续提高富裕程度。这可以概括为"提低扩中层"。

"提低扩中层"涉及面极广，不可能依靠大力度的再分配手段实现，

而应该按照下面的总体思路加以实现：以体制改革的深化激励创新创业，构建兼顾效率与公平的初次分配格局；以法治建设的强化稳定投资和财富保有预期，切断非法收入来源；以政策体系的优化高效而精准地保障低收入群体生活水平。

具体来讲有三条基本路径。

第一，通过政府的补贴和帮扶，切实提高低收入阶层的人力资本水平，尤其是其子女的人力资本水平。要面向未来，以足够的战略耐心，全面贯彻预分配（Pre-distribution）理念，以强有力的公共服务保证低收入和贫困阶层的子女从生命周期开始阶段就获得良好的营养和认知能力，为积累全生命周期参与现代化建设的人力资本打下坚实基础，从而阻断低人力资本状况的代际传递和恶性循环。这是投入少、扭曲小、效果久的转移支付手段。

第二，提高社会流动性，打破垄断、消除壁垒，加快推进要素市场化配置，实现人的充分流动，进而形成人人参与、人人尽力、人尽其才、各得其所的局面，最大限度激活人这一生产力中最活跃要素，让大部分人通过自身努力进入中等收入行列，并不断提升生活水平和富裕程度。

第三，加快完善初次分配调节机制，健全工资决定和正常增长机制，完善企业工资集体协商制度，强化工资收入支付保障制度，遏制以牺牲劳动者利益为代价的恶性竞争，增加劳动者特别是一线劳动者劳动报酬，提高劳动报酬在初次分配中的比重。

2. 从强化法治建设和产权保护入手，激励高收入阶层进一步发展并带动"提低扩中层"

无论是"提低扩中层"，还是提升国民总体富裕水平和我国的产业与技术水平，都离不开更多的高质量就业机会、更多的投资、更多的研发投入。这些在很大程度上离不开高收入阶层的进一步发展和其自身富裕程度的进一步提升。

激励高收入阶层进一步发展、提升其富裕程度。

第一，需要强化法治建设，核心是加快完善产权制度，稳定投入、生产、创新和经营活动的预期和安全感。要以公平为核心原则，依法保护各种所有制经济产权和合法利益，依法保护各种所有制经济组织和自然人财产权。公有制经济财产权不可侵犯，非公有制经济财产权同样不可侵犯。同时，要充分发挥知识产权对科技创新和成果转化的长期激励作用，建立健全数据权属与流转交易的规则和制度。

第二，健全各类生产要素参与分配机制。强化要素由市场评价贡献、按贡献决定报酬，特别是创新创业活动报酬的机制，全面激励创业创新，充分激发高端要素活力并引导这些要素投入前沿性技术和新兴产业的发展，以创新创业带动就业、促进就业。

第三，健全公职人员财产申报制度，坚决切断通过各种违法违规方式获得的高收入；开展全球税收协调，根据国际比较确定合理的高收入阶层边际税率，以凝聚和吸引高收入阶层的财富留在国内投资创富。

3. 从增加公共服务投入、提高公共服务效率入手，更好地保障最底层的生活水平

保障最底层，让创业创新失败者、最低收入阶层、遭遇各种重大不幸冲击以至于难以维持正常生活者、丧失劳动能力者过上殷实而体面的生活，是共同富裕的底线要求，也是共同富裕最显著的标志。

第一，需要转变政府职能，减少政府收入用于资本性项目的比例，

增加公共服务和民生方面的投入。健全分层分类的社会救助体系，完善帮扶残疾人、孤儿等的社会福利制度。大幅减轻困难家庭在医疗、住房、教育、育幼、养老等方面的支出负担。

第二，要创新供给方式，增加公共服务供给主体，通过多主体竞争有效降低公共服务和民生项目成本，全面提高服务供给的方便可及水平，让发展成果更多更公平惠及全体人民。

第三，充分发挥社会财富和社会力量在三次分配方面的作用，落实慈善捐赠的相关优惠政策，培育发展慈善组织，加快发展慈善等社会公益事业。

第四，在名义税负中性前提下，优化税制结构，降低对收入、财产、投资、经营活动的税收，增加对影响普惠公共产品如环境的活动税收，在促进其外部性内部化的同时，将所筹集的收入用于转移支付。这既可以促进这类普惠公共产品的供给，也可以强化税收体系对资源优化配置的引导，还可以提高低收入群体的受益程度。

（二）在高质量城镇化和乡村振兴中推动城乡共同发展、缩小城乡差距

我国城镇化率将在未来现代化进程中继续提升，这是现代化的基本规律使然。在这个过程中实现共同富裕，必须提高城镇化质量，特别是要在转移人口融入常住地方面有大的突破。这不仅是缩小城乡差距的根本举措，也是缩小区域发展差距的重要方面。因为以省（区、市）为单位衡量的发展差距，要小于以城市为单位衡量的发展差距。因此，未来城乡差距的缩小过程和区域差距的缩小过程，在很大程度上将统一于以转移人口融入常住地为核心的高质量城镇化进程中，推动高质量城镇化的同时将同步缩小区域差距。在此基础上，实现共同富裕还

要推动乡村振兴，使留在农村的人口享受到和城镇人口大体相当的生活水平。

1. 构建符合现代化基本规律的国土开发和人口分布相协调的格局

发挥市场对人力资源区域配置的决定性作用，尊重产业集聚发展规律，尊重流动就业人口的自主选择，壮大京津冀、长三角、珠三角、西南沿海地区等大江大河三角洲的城市群，以及中西部地区的长江中游、成渝、关中平原等城市群。在其他条件相对适合的中西部地区适当发展点状的中心城市并带动周边城镇发展，形成点状分布的、有相当单体规模的都市圈。

2. 从促进流动就业人口融入常住地入手，提高城镇化质量

全面放宽城市落户条件，完善配套政策，打破阻碍劳动力在城乡间流动的不合理壁垒。将包括公共住房在内的基本公共服务覆盖面扩大到全部城镇常住人口。形成鼓励城镇接纳外来人口的财政收入来源结构。

建设用地指标、上级政府转移支付等向大中城市集中，并且和常住人口规模挂钩，果断扭转一些人口流出城市和城镇因盲目决策造成的住房空置和土地浪费。

3. 从深化农村经济体制改革特别是土地制度改革入手，推动乡村振兴，提高农村居民的财富保有量和财产性收入

加快建立城乡统一的建设用地市场，进一步改革和完善承包地所有权、承包权、经营权三权分置制度。通过农村土地制度改革推动农民财富变现和增值。在农村人口适度向中心集镇集聚的条件下改善农村基础设施和公共服务，同时提高农村一、三产业的劳动生产率。

（三）在人口充分流动中推动各地区协调发展、缩小区域差距

我国各地自然禀赋和区位条件差距很大，这也决定了我国的区域协调发展，是一个世界级难题。解决好这一问题，不仅是共同富裕的要求，也是国家治理能力和治理体系现代化的重要标志。倘若主要依靠人口小幅度跨地区流动、让各地人口在本地发展，那么要实现区域间协调发展，并让区域间人口享有大体相当的生活水平，就必须实施大力度的跨地区转移支付。另一种更加可行的路径是在继续鼓励促进东部沿海地区和其他具备条件的地区快速发展的同时，让这些地区集聚更多人口，在人口充分流动中实现区域协调发展、缩小区域间生活水平差距，促进区域间的文化交流和包容。

1. 从便利人口跨地区流动和融入入手，形成国土开发强度和人口承载量相匹配的空间格局，缩小区域间生活水平差距

第一，继续鼓励和促进沿海地区快速发展，并接纳更多流入人口，为他们提供同等的基本公共服务。

第二，推动广大中西部地区具备产业集聚条件的地方，以发展大中城市为主集聚本地人口，实现工业化，提升本地发展水平。同时也降低公共服务的供给成本，减轻广大国土空间上的人口承载压力。

第三，促进区域间要素自由流动。实施全国统一的市场准入负面清单制度，以加快构建以国内大循环为主体，国际国内双循环相互促进的新发展格局为重要契机，消除歧视性、隐蔽性的区域市场准入限制。深入实施公平竞争审查制度，消除区域市场壁垒，打破行政性垄断，清理和废除妨碍统一市场和公平竞争的各种规定和做法，进一步优化营商环境，激发市场活力。

2. 从实现生态环境要素等价交换入手，保障相对落后地区人口的生活水平

贯彻绿水青山就是金山银山的重要理念和山水林田湖草是生命共同体的系统思想，改变"对生态环境保护地进行补偿"的理念，确立以生态环境要素为标的的等价交换机制。按照区域人口公平分配发展所需的生态环境权益，并建立横向交易机制，促进广大中西部地区通过发展绿色产业和碳汇产业实现自我发展。

3. 从改善转移支付和对口帮扶入手，保障相对落后地区人口的生活水平

第一，建立区域均衡的财政转移支付制度。根据地区间财力差异状况，调整完善中央对地方一般性转移支付办法，加大均衡性转移支付力度，在充分考虑地区间支出成本因素、切实增强中西部地区自我发展能力的基础上，将常住人口人均财政支出差异控制在合理区间。

第二，提高基本公共服务均等化水平，加快补齐基本公共服务短板，推动城乡区域基本公共服务制度统一、质量水平有效衔接，建立健全基本公共服务标准体系，推动标准水平城乡区域间衔接平衡。推动基本公共服务提供主体多元化、提供方式多样化。

第三，完善东西部结对帮扶关系，拓展帮扶领域，健全帮扶机制，优化帮扶方式，加强产业合作、资源互补、劳务对接、人才交流。

四、科学构建共同富裕的测度指标体系

基于上述关于共同富裕内涵和实现路径的分析，下面提出一些关于度量指标体系的原则性考虑。

（一）构建共同富裕度量指标体系的若干原则

第一，必须对总体富裕程度和发展成果共享状况同时加以度量。新时代的共同富裕，不是共同分配固定的"蛋糕"，更不是共同贫穷，而是建立在不断发展生产力、不断增强综合国力的基础上。因此，共同富裕的指标体系必须对"做大蛋糕"和"合理分配蛋糕"两方面的情况同时加以度量，而不能仅仅度量后一方面，成为无源之水、无本之木。

第二，需要对共同富裕实现过程和实现程度都加以度量。新时代共同富裕是状态与过程的统一。共同富裕作为一个状态，意味着一定阶段一定时期有底线的目标要求。共同富裕作为一个持续进行的螺旋式上升的发展过程，也意味着底线目标要随着发展阶段提升而相应提升，各阶层生活水平都随着发展阶段提升而不断提高，但也不能确立超越发展阶段的过高目标。

第三，要引导缩小差距但不能搞平均主义。共同富裕首先意味着富裕水平差距不能过大，但也不是富裕水平差距越小越好，更不是同等程度的富裕、平均主义，而是生活水平差距介于适度范围内。因此，许多衡量指标不应该单向度追求越小越好，而应该设定为一个范围值。

第四，精心构造发展成果共享程度的度量指标。基尼系数、最高最低的比值或差距，是常用的收入差距衡量指标，很大程度上能反映出发展成果共享程度，但准确、全面衡量收入差距，需要一些补充性指标。比如，从后文附录的一个示意性例子可见，同样的基尼系数可以对应很不相同的具体收入分配格局。不难想象，最高最低之比的指标同样存在类似问题。因此，构建共同富裕测度指标时，要抓住共同富裕目标的阶段性任务和重点，以最高最低之比、基尼系数等为基础，辅以其他指标。综合考虑指标的合理性和操作的简便性，本文认为，较之基尼系数、最大最小比等传统指标，中位水平本身的高低以及中位与最低水平之比这两种指标，能更好地体现前面提出的兼顾"保障最底层、提低扩中层、激励较高层"的导向。

第五，根据指标性质选择合适的度量方式和量纲。货币度量指标要根据不同地域和不同时间进行物价调整，还要考虑不同商品和服务对生活水平和生活品质的不同影响程度。既要以货币指标度量，也要辅以实物指标度量。度量公共服务水平差距时，既要考虑投入端差距，也要考虑产出端和实际效果的差别，并更加注重后者。

第六，指标体系不宜逐项层层分解。层层分解指标是推动指标实现的重要途径，也是我国治理体系的一个显著特点和优势。但围绕共同富裕提出的国家层面的指标体系，不宜逐项简单地层层分解。因为从数学原理上讲，全国层面的指标是各区域指标的加权（权重系数往往是各地区人口）平均，按照期初权重系数结构分解的指标，到期末时即使各区域都实现了期初分解的目标，但由于权重系数结构的变化，全国加总之后也仍然可能完不成或超额完成预期指标。

各地尤其是发展相对滞后的地方也不宜提出"到某某时间点同步达到届时全国平均水平"的目标。这种做法在数学上的悖谬之处在于，届时全国平均水平会因为各地届时实际水平变化而相应变化，发展相对滞后的地区届时实际上无法达到全国平均水平。

（二）指标体系框架

指标体系框架包含总体富裕程度和发展成果共享程度两个维度。

1. 总体富裕程度的度量指标

可以用以下四方面指标加以度量。一是人均国民收入绝对水平和相对于发达国家的水平。二是人均财富保有量水平和相对于发达国家的水平。三是人均物质财富保有量水平和相对于发达国家的水平。四是全员劳动生产率水平和相对于发达国家的水平。设置这些指标的主要考虑是，总体富裕水平和生产力水平的提升是实现共同富裕的基础。显然，这些指标值越高，总体富裕程度越高。

作为总体富裕程度的主要且直观的度量指标，这些指标中大部分适宜用货币衡量，也有的适宜用实物指标衡量，比如，各种基础设施保有量、住房、医院床位、学校学位数、森林蓄积量等。

2. 发展成果共享程度的度量指标

可以用如下三个子维度加以度量。

第一，人群差距。首先，需要考虑的度量指标包括初次分配中劳动者报酬占比、中等收入群体占总人口比重、中等收入群体平均收入水平、全体人口可支配收入和人均财富保有量基尼系数、全体人口可支配收入和人均财富保有量中位数与最低数比值、中等收入群体收入中位数与低收入群体收入中位数的比值。这几项指标可以较全面地反映发展成果的共享程度。无论从理论上看，还是从广泛的国内外经验看，这些指标并不是单向度地越高（或越低）越好，而应该介于一定的范围内。这些指标中，中等收入群体应该通过收入水平的下限和上限加以界定，且上下限应该随着发展阶段提升而相应提升。然后，需要考虑的指标包括贫困家庭收入保障水平、中低收入和贫困家庭母婴发展保障水平。设置这两项指标旨在保证全体人民拥有参与现代化的人力资本，是共同富裕的显著标志，指标值越高越好。

第二，区域差距。首先，需要考虑的指标包括地区间人均可支配收入和人均财富差距（最高最低比、变异系数、中位数与最低数之比）、物价调整后地区间人均基本公共服务支出差距（最高最低比、变异系数、中位数与最低数之比）。共同富裕要求这些指标的差距不能太大，但也并非越小越好，而应该介于一定范围之内。然后，需要考虑的指标包括物价调整后地区间基本公共服务绩效差距、地区间人口预期寿命差距。幼有所育、学有所教、病有所医、老有所养、弱有所扶、终有所安应当作为基本公共服务的内容。从基本公共服务均等化角度出发，并考虑到人均预期寿命是生活水平的最集中的反映，这两项指标值越小越好。

第三，城乡差距。首先，需要考虑的指标包括城乡间人均可支配收入和人均财富差距、物价调整后城乡间人均基本公共服务支出之比。共同富裕要求这些指标的差距不能太大，但也并非越小越好，而应该介于一定范围之内。然后，需要考虑的指标包括物价调整后城乡基本公共服务绩效（升学率、疾病治愈率等）差距、城乡人均预期寿命差距。从基本公共服务均等化角度出发，并考虑到人均预期寿命是生活水平的最集中的反映，这两项指标值越小越好。

具体的指标体系设想如表1所示。

（三）新时代共同富裕的分阶段奋斗目标

党的十九大对实现第二个百年奋斗目标作出"两个阶段"安排。十九届五中全会进一步展望了基本实现现代化远景目标，提出了新的更高要求。其中，到2035年人均国内生产总值达到中等发达国家水平，意味着我国将成功跨越中等收入阶段，并在高收入阶段继续向前迈进一大步。按此初步测算，实现这一目标，2035年的经济总量和人均量需要在2020年基础上翻一番及以上。基于这些战略目标，可以明确新时代共同富裕的如下分阶段目标。

表 1　共同富裕的测度指标体系

维度	子维度	具体指标	指标性质
总体富裕程度		人均国民收入水平（绝对水平）、相对于发达国家的水平（%）	单向度越高越好
		人均财富保有量水平（绝对水平）、相对于发达国家的水平（%）	
		人均物质财富（住房面积、医疗床位、学校学位、基础设施、自然资源）保有量水平、相对于发达国家的水平（%）	
		全员劳动生产率水平、相对于发达国家的水平（%）	
发展成果共享程度	人群差距	初次分配中劳动者报酬占比（%）	范围指标取值介于一定范围
		中等收入群体占总人口比重（%）	
		中等收入群体平均收入水平（绝对量）	
		全体人口可支配收入和人均财富保有量、中位数与最低数比值	
		中等收入群体与低收入群体收入中位数比值	
		贫困家庭收入保障水平	单向度越高越好
		中低收入和贫困家庭母婴发展保障水平	
	区域差距	地区间人均可支配收入和人均财富差距（最高最低比、变异系数、中位数与最低数之比）	范围指标取值介于一定范围
		物价调整后地区间人均基本公共服务支出差距（最高最低比、变异系数、中位数与最低数之比）	
		物价调整后地区间基本公共服务绩效（升学率、疾病治愈率等）差距（最高最低比、变异系数、中位数与最低数之比）	单向度越低越好
		地区间人均预期寿命差距（最高最低比、变异系数、中位数与最低数之比）	
	城乡差距	城乡间人均可支配收入和人均财富差距	范围指标取值介于一定范围
		物价调整后城乡间人均基本公共服务支出之比	
		物价调整后城乡基本公共服务绩效（升学率、疾病治愈率等）差距	单向度越低越好
		城乡人均预期寿命差距	

第一，到 2025 年的总体目标是：促进共同富裕的体制机制初步建立，全体人民共同富裕迈出坚实步伐。具体目标如下：其一，全民富裕生活迈上新台阶。就业更加充分更高质量，人民生活更加富裕，民生福祉达到新水平，城乡人居环境显著改善，人均预期寿命继续提高。其二，全体人民共同富裕迈出坚实步伐。初次分配中劳动者报酬占比提高，中等收入群体规模扩大，基本公共服务均等化水平提高，多层次社会保障体系更加健全。其三，共同富裕体制机制初步建立。居民人均可支配收入增长与国内生产总值增长基本同步，市场主体活力、技术数据等要素潜力、创新创业动力显著增强。其四，共同富裕政策体系基本健全。脱贫攻坚成果巩固拓展，税收和转移支付体系更加合理，户籍改革和社会保障统筹取得实质性进展。

第二，到 2035 年的总体目标是：人均国内生产总值达到中等发达国家水平，促进共同富裕的体制机制基本确立，基本公共服务实现均等化，人的全面发展、全体人民共同富裕取得更为明显的实质性进展。具体目标如下：其一，全民富裕生活达到新水平。人民生活更加幸福美好，国民素质和社会文明程度达到新高度，形成人与自然和谐发展的格局。其二，全体人民共同富裕形成新格局。形成中等收入群体在总人口中占多数的格局，城乡区域发展差距和居民生活水平差距显著缩小。其三，共同富裕体制机制基本建立。人民平等参与、平等发展和财产权利得到公平充分保障，各类要素参与分配的市场化机制全面完善。其四，共同富裕政策体系更加完善。与现代化相适应的税收和转移支付体系全面建立。

第三，到 2050 年的总体目标是：我国成为生产力水平、综合国力、国际影响力领先的国家，实现共同富裕的体制机制全面建立，全体人民共同富裕基本实现。城乡差距消失，区域差距显著缩小，全民富裕生活达到新层次，人民共享更加幸福安康的生活。

五、促进共同富裕的战略与政策

实现共同富裕，既需要坚实的制度保障，也需要实施一系列战略与政策，还需要加强舆论宣传引导。

（一）夯实共同富裕的制度保障

实现共同富裕，必须健全一系列重要的制度。

第一，落实社会主义基本经济制度。社会主义基本经济制度是共同富裕的最根本的制度保障。要坚持和完善公有制为主体、多种所有制经济共同发展，平等保护产权，提高人们投资创业创新回报的可预期性和财产安全感，增强对财富的吸引力，激发各类市场主体活力。要坚持按劳分配为主体、多种分配方式并存，着眼于壮大中等收入群体，大幅度改善初次收入分配格局，形成企业和劳动者共生共荣的新型劳动关系和分配关系，明确限制公司高管和员工收入的中位数差距，促进效率和公平的有机统一。

第二，保障人民的自由迁徙权，彻底打破城乡二元分割体制。立足于促进"人的发展"而不是"特定地方的发展"，让人民群众享有基于自身人力资本和各地生活成本在不同区域和城乡之间灵活择业、灵活选择常住地的平等机会。将户口与公共服务享受资格相剥离，户口只承担居住信息登记功能，让人民群众在常住地平等享受基本公共服务。尽快实现社会保障体系全国统筹，为人口自由流动创造条件。立足现代化目标，明确农村土地征收、集体经营性建设用地入市、宅基地改革的长远目标，真正做到同地同权同价，为提高农民的财富保有水平提供切实的制度保障。

第三，完善社会保障制度和基本公共服务体系。消除因身份差别而导致的具有逆向转移支付效应的体制性安排。针对目前一些社会保障和公共服务项目存在的逆向转移支付效应，采取老人老办法、新人新办法的方式，在照顾现有利益格局基础上，降低直至完全消除逆向转移支付效应。制定明确的时间表和路线图，尽快实现社会保障体系各个项目全国统筹、城乡统筹，缩小区域、城乡、人群间社会保障待遇差距。加快国有资本填补养老金基金缺口。同时，要借鉴先进的国际经验，设计科学合理的社会保障制度和基本公共服务体系，避免养"懒汉"。

（二）围绕共同富裕目标实施若干重大战略

实现共同富裕，必须实施一系列重大战略。

第一，创业就业促进战略。以充分激发人民群众的能动性、创造性为出发点，消除各种显性隐性壁垒，加快商事制度革新，降低企业注册门槛，加快无形资产抵押融资制度改革，降低创新型企业融资成本，普遍提供公平准入机会。深化企业破产清算制度改革，为创新创业者提供足够安全的社会保障网。让人民群众中富有企业家精神和企业家才能的、富有创新精神的、热爱劳动的群体，都获得平等参与机会，实现体面的自我发展，在人生出彩的同时，对国家的富强和现代化作出贡献。

第二，全民全生命周期人力资本提升战略。全面贯彻预分配的理念，增加中高收入家庭在怀孕和婴幼儿养育方面开支的税收抵扣，并由国家对低收入和贫困家庭在这些开支方面给予专项补贴，保证全体国民在生命周期起点获得基本的健康水平和认知能力。义务教育延伸到幼儿园阶段。增加医疗和教育供给，改善监管，提升人民群众的健康、基础教育和通用技能水平。建设终身学习社会，提高人民群众人力资本的韧性和对不断迭代的技术的适应性。

第三，产业高质量发展战略。通过政府规划引导和市场主体充分参与，加快形成现代化经济体系，实现产业高质量发展，为人民群众提供充足的创业就业机会，为再分配提供充分的财力保障，为改善民生和公共服务提供高投入产出比的保障手段。

第四，区域协调发展和高质量城镇化相融合的战略。未来缩小区域发展差距、实现区域协调发展的过程，将和缩小城乡差距、高质量推进城镇化的过程，在很大程度上统一于一个过程。要顺应这个趋势，立足于"人"而非"地"的发展，尊重人民群众的迁徙意愿，为人口和劳动力跨地区流动、城乡之间流动创造政策便利，切实推动外来人口全方位融入城市、融入常住地，享受均等公共服务。

第五，乡村振兴战略。在顺应人口向城镇流动和农村归并趋势的基础上，发展立足各地优势、有较高产出效益的特色产业，研发财务上可持续的乡村公共服务产品和运行模式，保障乡村居民获得与城镇居民均等的基本公共服务、相仿的生活水平和生活居住环境。

第六，全球财富积聚战略。面向现代化前景、面向未来，不断优化营商环境和投资环境，不断提高宜居程度，不断提升法治水平，强化对合法财产的持久性保护，出台家族财富信托管理等方面的法律，促进我国的财富信托发展，引导更多个人财富在国内进行投资保值、增值、传承，并使我国成为具有世界竞争力的企业、机构和个人财富的流入地和集聚地。在尊重财富所有人自主权的前提下，为这些财富通过三次分配用于改善国内公共服务、生态环境或扶贫等公益事业，提供政策支持和便利。

（三）健全共同富裕政策体系

实现共同富裕，还需要完善多方面的政策体系。

第一，建立高效、精准、规范、透明的二次分配体系。健全能够调节收入和财富差距、有利于共同富裕的税种体系；根据现金往来大幅度减少的趋势，充分利用大数据技术，建立精准、高效的税收征缴和转移支付体系；建立公职人员财产申报和公开制度，堵塞权力寻租谋取违法收入和财富的途径。

第二，建立基于多维减贫理念的基本公共服务兜底政策体系。随着发展阶段提升拓宽贫困度量的维度，明确政府承担兜底责任的基本公共服务项目及待遇水平，对相对贫困人口进行多维帮扶，并把解决城市相对贫困问题提上日程。

第三，健全促进共同富裕的软基础设施。在健全税收征管体系的同时，特别要注重加强没有纳税记录的低收入人口信息系统建设，收集社保缴费信息和扶贫走访记录等信息，发挥大数据的交叉验证功能进行动态更新，提高社区基层服务精准度以及转移支付与财政资金使用效率，提高紧急情况下政府救助速度和精准性。

第四，健全党领导下的对口帮扶机制。发挥党统揽全局的体制优势，针对发展滞后的地区、乡村和人群，协调各方，科学配置资源，提高帮扶针对性和有效性，着力提高帮扶对象自我发展、持续发展的动力和能力，实现先富带后富、先富帮后富。

第五，持续提升宏观调控水平，形成合理的相对价格和大体稳定的价格总水平。把握好财产性收入和一般劳动收入的关系，降低供给弹性较小的产品和要素相对于供给弹性很大的产品、要素的价格水平，强化对创新和劳动的激励。

第六，开展全球税收协调，抑制国际税制套利行为。减少以避税为目的的收入和财富的跨境流动，提高包括我国在内的各国转移支付的可用财力。①

（四）以"国强民共富的社会主义社会契约"营造共同富裕的文化氛围

实现共同富裕，需要持续动员全社会各方面的力量。为此，必须加强宣传引领，宣讲共同富裕是党对人民群众的庄严承诺，正确阐释共同富裕的科学内涵。倡导创新创业、守法经营、诚实劳动，倡导自立自强、公平竞争，倡导企业的社会责任，倡导互帮互助、社会关爱的社会主义道德。

附　录

图1中三种分配情形的基尼系数均为0.4，但所对应的具体收入分配格局则有不小差别。情形A中，有40%的人获得0单位收入，另外60%的人每人获得1.67单位收入。情形B中，处于低收入阶层的20%的人每人获得0.25单位收入，处于中等收入阶层的60%的人每人获得0.67单位收入，处于高收入阶层的20%的人每人获得2.75单

---

① 2021年，经济合作与发展组织（OECD）围绕企业所得税征管的跨国协调进行了研究。

位收入。情形 C 中，有 75% 的人每人获得 0.46 单位收入，另外 25% 的人每人获得 2.6 单位收入。由此可见，收入分配状况不能单纯依靠基尼系数进行度量，还需要更加丰富的指标予以配合。

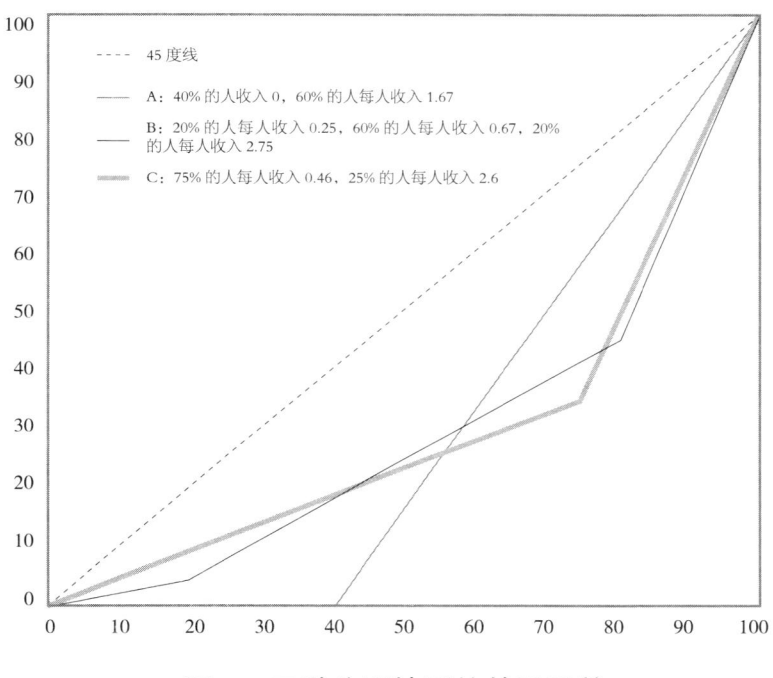

图 1　三种分配情形的基尼系数

郑永年　华南理工大学公共政策研究院学术委员会主席

共同富裕与新发展阶段新使命

国家"十四五"规划和 2035 年远景目标纲要明确提出，要支持浙江高质量发展建设共同富裕示范区。如何实现共同富裕不仅是中国面临的问题，也是全世界要破解的一个难题。无论是欧美国家，还是其他一些国家，都还没有成功破解如何实现共同富裕的问题，很多发展中国家甚至还停留在解决贫困问题上。研究共同富裕问题，不仅对浙江有意义，对中国有意义，而且对整个世界都有意义。浙江做成功了，就对整个中国有意义；中国做成功了，就对整个世界有意义。

一、什么是共同富裕

第一，共同富裕是一种理想。它类似于古代人们向往的"大同世界"，这种理想状态的设定非常重要。人类社会的发展是开放的，但是人类社会的发展应当是有方向的。

第二，共同富裕肯定不是平均主义，不是均贫富。我们追求平等，但也承认社会差异。如果没有社会差异，社会就很难进步，差异既是进步的产物，也是进步所要解决的问题。

第三，共同富裕的概念表明社会必须具有基本的公平与正义。社会差异是存在的，但必须保持基本的人们可接受的社会公平与正义。

第四，共同富裕是一个历史过程，需要通过发展来实现。发展是硬道理。实现共同富裕需要继续"做大饼"，在"大饼"做大的基础之上"分好大饼"、实现公平。

第五，共同富裕是一个动态的包容式的发展过程，而不是排他性的发展。一方面，已经富裕的社会阶层，不应因为自己有钱了就垄断发展、不向社会开放；另一方面，较不富裕的社会阶层，也应在这种开放中感觉到自己是有机会得到发展的，而不会因为自己较不富裕的状况而仇视富裕阶层。

二、为什么我们要追求共同富裕

第一，中国共产党有别于西方的政党，是通过实现向人民承诺的使命、为人民服务而执政的一个政党。世界上很少有像中国共产党这样具有那么长远使命的政党。共同富裕是中国共产党新发展阶段的新使命，所以要努力去追求它、实现它。

第二，共同富裕是中国老百姓中国梦的一部分。公平正义平等的理念，几乎是所有文明都提倡追求的。共产主义所蕴含的平等理念，包括传统的大同思想等，在任何时代都是不会过时的，关键在于以什么样的方式来追求。

第三，共同富裕是社会的生存和发展所需。社会是一个道德共同体，社会成员之间要互相信任。一个社会如果贫富分化太厉害了，社会共同体就容易解体。财富增长不见得就会带来社会稳定。经济跟文化，包括我们今天所说的道德，要均衡发展。经济发展需要以社会稳定为基础，经济发展最终也是为了社会发展，因为社会的主体是老百姓。经济发展应当是工具，而非目的。

第四，共同富裕是今天中国经济本身的可持续发展所需。经济社会发展到今天，需要把社会改革提到议事日程上来。我们需要建立一个消费社会或者内需社会。用学术界的语言来表述，内需社会就是中产社会，中产社会就是消费社会。如果不能把中产做强做大的话，就很难建立一个消费社会和内需社会。

共同富裕不是简单的分配，而是为了进一步的经济发展，因为只有在可持续发展过程之中才能把中等收入群体做大做强。

同样重要的是，高质量的经济发展必须由创新主导，而创新基本上是一个中产社会的现象。创新需要受过教育且能够承受一定风险的阶层来主导。基于共同富裕对经济发展的正面和积极的作用，共同富裕的目标不仅要在不同的社会群体间实现，还应当在不同的省份、区域间实现。

第五，共同富裕是社会稳定的需要。中国古代的管子、孔子、孟子，无论是儒家还是法家，大家都有过类似的表述：有恒产者有恒心。人有恒产非常重要，有恒产也是爱国主义的基础，有了恒产就会爱国，社会就会更加稳定。

第六，共同富裕是西方社会的教训和启示。马克思是批判资本主义最激烈的一个思想家，他所处的时代就是原始资本主义时代，原始资本主义时代就是资本唯利是图的时代。当代西方尤其是美国所面临的民粹主义危机，也是由于没有实现共同富裕。20世纪80年代以后，新自由主义经济发展很迅速，但是社会越来越分化，美国从以往"中产阶层社会"演变成为"富豪社会"。我们要认识到一个教训，即经济发展不见得就能为社会创造稳定。有的贫穷社会反而比较稳定。经济发展过程中，如果社会分化太厉害了，这个社会反而不稳定。

三、共同富裕为什么不容易，面临哪些挑战

伟大的事业往往有巨大的挑战。

第一，历史的经验。西方社会从贫富悬殊发展到比较公平的福利社会，再到当代的高度分化和分裂的教训表明，即使达到富裕社会了，也不能保证不会出问题。社会总是在反复中变化的。

第二，中等收入陷阱。世界银行等国际组织的研究发现，第二次世界大战以来，仅有不到20个经济体避开了中等收入陷阱，成为高收入经济体。这当中除了中东、北欧一些资源类型国家外，基本上都在东亚儒家文化圈。从这个角度看，很多人认为中国也是儒家文化圈，不用担心，肯定也会跟日本、"亚洲四小龙"一样成功避开中等收入陷阱从而成为高收入经济体，但是我们并不能因此麻痹大意而放下警惕之心。

第三，中国所面临的国际环境。20世纪80年代开始，中国主动跟世界体系接轨，发挥人口红利优势，赶超发展。但现在国际环境发生了很大的变化，对我国的发展是个不小的挑战。

第四，中国内部发展中的一些短板。中国在内部发展过程中也有一些短板，尤其是技术方面。迄今，中国仍然是一个技术应用型大国，不是技术原创性大国。

有些企业认为这个世界市场会永远存在下去，所需技术可以通过

采购来获得。其实不然。从历史上看,世界市场的存在是运气好,世界市场不存在才是常态。原创性的东西是大国重器,但产生原创性的东西需要一个过程。

四、为什么中国能够实现共同富裕

(一)制度优势

中国有西方所没有的制度优势。改革开放的经验表明,中国同时实现了可持续的经济发展、可持续的社会稳定和可持续的政治保障。能做到这三个"可持续"的国家很少,中国就是一个特例。从制度上看,中国拥有几个方面的特点。

1. 可持续的经济增长

中国有国有资本、民营资本,还有政府跟民营企业互动的混合资本,这三种资本的经济结构非常合理。在中国的哲学理念里,经济发展一直是政府责任的一部分。中国政府除了使用财政和货币工具,还有国有企业。有有效的市场,其中政府托底提供一个稳定的平台,而民间资本发挥其无限的创造力。在这方面,浙江非常典型。总体而言,从20世纪80年代以来,整个世界经历了1997—1998年亚洲金融危机、2007—2008年世界金融危机,但中国基本上没有发生金融危机,这是跟中国的市场有关系的,它提供了经济迅速恢复的能力。

2. 可持续的社会稳定

社会稳定源自几个重要因素。首先是社会大规模脱贫。政府通过实施精准扶贫、对口支援等国家制度进行大规模的扶贫。同时,中国的社会稳定跟参与式的经济发展有关系。中国从农村改革、乡镇企业发展到现在的农村发展,都是自下而上的、参与式的,这能够使老百姓有获得感。

3.可持续的政治保障

中国得以实现无论是可持续的经济发展，还是可持续的社会稳定，其背后都是因为可持续的政治保障。每一个社会，必须有一个政治主体作为稳定的力量，中国的政治主体就是中国共产党。中国政治上非常稳定，各级领导干部要通过许多历练才能升迁，这样既保证了执政党的先进性，也保证了他们的领导作用。

（二）财富与创新优势

改革开放以来，中国积累的财富提供了很重要的物质基础。今天，中国已经是世界第二大经济体、最大的贸易国，也具有最完备的国民经济体系。尽管我们的制造业还比较低端，但是什么都可以造，并从早期的技术应用开始逐步转向原创性技术创新。在此基础上，创新体系也基本上形成。

（三）开放与市场优势

中国有两个突出优势。一是开放的潜力。中国从改革开放中快速成长，但开放潜力还很大，只要继续实行开放就可以改变世界资本的流向。二是庞大的市场。中国的市场规模很大，中等收入群体有4亿人，是世界上最大的单一市场。西方企业离不开中国，当然前提条件是中国要自己开放，不开放人家就进不来。

五、如何实现共同富裕

共同富裕是个过程，要通过发展，绝对不能仅仅是分配。把"饼"做大难，"分饼"也不容易。

（一）可持续的经济发展

1. 内部：可持续的经济发展的关键是推动市场主体共同发力、均衡发展

要正确处理好国有企业和民营企业的关系，厘清两者的边界。国有企业需要考虑清楚下一步改革的方向，改革内部运作方式和资本运作方式。在一些关键领域，如自然垄断行业、公共服务行业，国有企业可以建立主导地位，也可以由多个国有企业进行良性竞争，以避免形成垄断局面而阻碍进步。更多的领域则可以交给民营企业来做，有竞争才会有进步。同时，中国是一个大国，需要一个完整的产业链。

2. 外部：可持续的经济发展要推动第三次主动开放，即使是单边开放

开放对于一个国家的发展非常重要，不开放，最强大的国家也会落后。近代以来中国已经经历了两次开放，鸦片战争后的被迫开放和党的十一届三中全会以后的主动开放：第二次的主动开放使我们抓住了发展的机遇，使一个贫穷的国家发展成为世界第二大经济体，将封闭的经济体发展为世界最大的贸易国，帮助8亿人口脱贫，这些都是主动开放得来的。

对于面临的外部形势，第一，要主动开放，即使有人封堵，我们也要向世界开放。只有在开放的状态下，生产要素才能流入，不开放就会落后。中国是有能力实现单边开放的，但单边开放不是毫无原则的。第二，要在主动对外开放中实现标准化、规则化和国际化。欧洲国家的强大就是因为国家市场的统一、内部规则的统一，直到建立今天的欧盟规则。中国的市场体量很大，是世界第二大经济体、最大的贸易国，中国如果能把内部的规则统一起来，这是了不得的一件事情。各地区之间投资贸易规则不一样，就可能导致互相恶性竞争。中国跟别国的竞争，也是规则上的竞争。我们还要学习先进的国际规则，与国际接轨，同时把中国的规则推向国际，逐步推动中国规则国际化，这一点是必须做的。

（二）公平社会与共同富裕

1. 上不封顶

创造财富没有上限。改革开放以来，我国的发展速度比日本和"亚洲四小龙"还快，但我们的中等收入群体比例不如它们高。改革开放让我们找到了一个创造财富的机制，但我们还要探索保持财富、财富增值的机制。

要鼓励创新，用法治与规则去管理。鼓励高科技公司搞科技创新、积极进入国际市场竞争。我们要从国家利益出发，以国家利益最大化的方式去探索监管措施。

要培养更多的企业家。商人唯利是图，但企业家精神是能改变社会的。

2. 下要保底

保底非常重要。保底包括两个方面：

一要保障民生。医疗、教育、住房，这几块不是属于单纯的经济领域，是社会属性很强的民生领域，要深化医疗、教育、住房领域的改革。

二要解决城乡问题。解决城乡问题，一定要双向流动。中国为了解决"三农"问题，投入了大量的资本、人才和物力，但是农村存在着单向性流出的问题。如何使城市中上阶层跑到农村去，让农民和城市居民一样双向流动，就是现在我们要解决的问题。

农村如何能更大规模实现现代化，怎么在制度层面真正实现美丽乡村，在这方面需要做更多的制度性思考以实现可持续发展。

就城市发展来讲，需要对城市化进行顶层设计，单一城市体量不宜过大。现在城市群的概念很好，浙江像杭州、宁波、温州、金华—义乌，就应当形成一系列城市群，应当用卫星城的概念做公共服务的均等化。可以尝试在全省范围内实行社会服务统筹，解决户口问题，使资源均等化。这样既可以继续发展经济，又可以实现社会服务均等化。

3. 做大中产

国家"十四五"规划和2035年远景目标纲要提出，人均国内生产总值达到中等发达国家水平，中等收入群体显著扩大。这方面我们还是要想大计划。我们可以学习借鉴日本和"亚洲四小龙"做大中产的一些有效经验。其实，"橄榄型社会"前些年已经提出来了，这几年又强调了，确实是要作为一个主要议程来做。中等收入群体强大了，有恒产者有恒心了，社会所有方面都会改善。

（三）体制改革和完善

坚持党的领导，发挥党总揽全局、协调各方的领导核心作用，这一点非常重要。不论经济、社会怎么发展，都需要党的坚强领导。任何一个国家都需要一个政治主体，如果没有政治主体，其他方面做得再好，也是白忙。东西南北中，党是领导一切的，这是我们取得成功最关键的地方。从历史上看，面对危机，必须有一个有效政府。因此，一定要把政治主体建设好。

社会利益多元化、经济利益多元化，这是必然的。所有的利益问题都可以在中国共产党领导下，通过政治协商的方式来解决。在互联网产生以后、社交媒体产生以后，政治参与可能是每天都在发生的事情。中国的民法典是通过多少年的争论才推出来的，西方并不了解。

鄢一龙　清华大学国情研究院副院长

共同富裕的社会主义政治经济学

党的十九届五中全会明确指出到 2035 年我国要在全体人民共同富裕上取得更为明显的实质性进展，"十四五"期间要扎实推动共同富裕。共同富裕道路是历史逻辑、社会主义逻辑与现实逻辑的结合，是我们实现社会主义现代化的核心目标与必由之路。

共同富裕体现了社会主义的本质特征。共同富裕包括"共同"与"富裕"两个要素。共同贫穷不是社会主义，少数人富裕也不是社会主义，只有共同富裕才是社会主义。同时，共同富裕也不是平均富裕、同步富裕，而是一种内部差距相对较小、阶层流动性较强的普遍富裕状态。

从全球范围来看，共同富裕不但是可选项，还是必选项。近年来西方国家经济增长乏力，社会出现各种乱象，根本原因就在于没能处理好贫富分化。例如，美国 2020 年有 50 多万人无家可归，与此同时三位顶级富豪占据的财富比较穷的一半美国人还要多。法国总统马克龙说："在当前的环境下，资本主义模式与开放经济行不通了，从这场疫情中走出来的唯一办法，就是打造一个更加专注于消除贫富差距的经济。"①

我国离共同富裕目标仍然有很大距离，我国的人均国民收入刚超过1万美元，还只是处于上中等收入阶段，劳资差距、地区差距、城乡差距（三大差距）依然巨大，初次分配中的劳动报酬占GDP比重下降的趋势并未得到根本遏制。有研究表明，我国劳动者报酬占GDP比重比美国低十几个百分点，比日本、德国也都低好几个百分点。②我国省级人均GDP地区差距2004年达到峰值，随后有所下降，近年来相对平稳，不但东西差距依旧巨大，同时南北差距也开始扩大。我国的城乡差距依然巨大，2020年城乡居民人均可支配收入比为2.65∶1。不同人群的富裕水平差距不但表现为收入差距巨大，更表现为财富差距巨大：2019年我国的收入基尼系数仍然达到了0.465，在全球都处于比较高的水平。同时，少数人占据了大多数社会财富。我国大部分居民财产性收入严重偏低：2020年全国居民财产净收入占比仅8.7%。中国人民银行调查表明，2019年，10%最富的城镇家庭拥有47.5%的全部样本家庭资产，而最贫穷的10%的城镇家庭只拥有2.6%。③这可能主要是由于不同地区住房价格所造成的，但调查体现出来的财富集

---

① 2020年1月26日马克龙通过视频参加世界经济论坛"达沃斯议程"的演讲。
② 参见李扬等：《中国国家资产负债表2020》，中国社会科学出版社2020年版，第19页。
③ 参见中国人民银行调查统计司城镇居民资产负债调查课题组：《2019年中国城镇居民家庭资产负债情况调查》，《中国金融》2020年第9期。

中程度也是相当惊人的。

共同富裕道路需要在社会主义政治经济学中加以分析。毛泽东说，我们要以生产力和生产关系的平衡和不平衡，生产关系和上层建筑的平衡和不平衡，作为纲，来研究社会主义社会的经济问题[①]。生产力与生产关系、生产关系与上层建筑这两对矛盾也是我们理解共同富裕的纲。要实现共同富裕，不但要解放生产力，继续"做大蛋糕"。同时，要主动调整生产关系，更好地"分好蛋糕"，通过调整生产关系来解放生产力，实现"分好蛋糕"与"做大蛋糕"相互促进。要实现共同富裕，不但要构建共同富裕的经济基础，还要构建引导全社会走共同富裕道路的上层建筑；不但要实现物质共同富裕，还要实现精神共同富裕。

就生产力而言，共同富裕不只是公平也是效率，公平与效率两者不是相互对立的而是相互促进的，推进共同富裕本身就是进一步解放生产力的必由之路。

推进共同富裕能够积极应对有效需求不足问题。有效需求不足已经是中国经济发展的突出矛盾，与此同时，中国仍然有巨大的内需潜力没能得到有效释放。不平衡发展本身就不可能是充分的发展，如果只有少数人发展起来，大多数人没有发展起来，整个社会的有效需求就会不足，经济发展也会失去市场空间。根据国家统计局"中国典型三口之家年收入在10万—50万元"的标准测算，中国有4亿多人口，约1.4亿户家庭属于中等收入人口。而根据有关研究，我国目前约9.5

---

① 参见《毛泽东文集》第八卷，人民出版社1999年版，第130—131页。

亿的人口仍然属于低收入人口，高收入人口只有4000多万。① 如果在未来20年，我国能够实现中等收入人口与中低收入人口收入的双倍增，就能够有效提高全社会的边际消费倾向，释放全社会的潜在消费需求。我国目前中等收入群体是4亿人，到2040年如果能够增加到8亿人，就意味着需要在未来20年增加4亿中等收入人口。未来20年中低收入群体只要保持不变价7%的收入增长率②，到2040年就能实现中低收入群体收入水平翻两番的目标。同时，通过加大落后地区、落后群体的投资与建设，"十四五"期间我国将通过城市更新行动，完成2000年底前建成的21.9万个城镇老旧小区改造，基本完成大城市老旧厂区改造，同时改造一批老旧街区、城中村，③ 这些措施既能够推进社会公平，也能够扩大有效投资需求，从而释放全社会潜在有效需求，为经济增长提供动力。

社会主义市场经济的效率不但源于竞争也源于联合，共同富裕的重要途径就是通过联合提高效率。例如，到今天，农民一家一户分散经营，已经成为束缚农业生产力发展的重要因素，而将农户组织起来、联合起来就能够有效解放生产力。联合起来就能够实现规模化经营、

---

① 世界人口收入中位数的67%—200%为中等收入人口，低于此收入水平为低收入人口，高于此收入水平为高收入人口，该标准与国家统计局的标准具有可比性。参见北京师范大学课题组：《扩大中等收入群体比重研究》，国家发展和改革委员会组织编写：《"十四五"规划战略研究》，人民出版社2021年版，第1617页。

② 2013年到2019年，低收入组户收入平均增长率为9.03%，中等偏下收入组收入增长率为8.57%，中低收入群体的收入增长速度只是略快于平均收入增速。

③ 参见《中华人民共和国国民经济和社会发展第十四个五年规划和2035年远景目标纲要》，《人民日报》2021年3月13日。

专业化分工，带来规模效益、品牌效应，很大程度提升生产效率与市场效益。例如，贵州省毕节市先后通过党支部领办合作社、乡镇党委统领合作社、县党委统筹新型合作经济，实现了乡村振兴中从民众小联合到中联合再到大联合，在短短几年间农村的生产与生活发生了巨大变化。①

共同富裕是与高质量发展齐头并进的战略。共同富裕不但能够解放生产力，更能够解放高质量生产力。高质量发展要求企业不能只是以营利为目的，而是要均衡考虑股东、员工、顾客与社会的利益，要承担社会责任，担当国家使命，在科技创新、共同富裕、环境保护等方面投入更多资源。例如，国有企业的全民所有制性质本身就会带来信誉，在许多顾客的认知中，大多数国有企业更正规、运营规范、产品质量更可靠。对于民营企业而言，国家战略只是经营中需要考虑的市场环境，而对于国有企业而言，国家战略构成了其制定企业规划的上位规划。乡村振兴对于资本来说，只是营利的手段，而对于农民来说，则是家园建设。我们要实现农业高质量发展就需要在机械化、智能化、土壤改良、环境保护等方面进行长远的筹划与投入，这与许多只有短期经营权的资本激励机制并不相容，而以农民为主体的新型集体经济，长期扎根本地，能够更负责任地进行开发，推进农业高质量发展。

共同富裕的前提是共同建设，将大量劳动年龄人口排除在经济体系之外，本身就是一种生产率的极大浪费。中国已经创造了一个包容性经济体制，2019 年我国的劳动参与率高达 75.9%，比高收入国家高

---

① 参见王宏甲：《走向乡村振兴》，中共中央党校出版社 2021 年版。

2个百分点，比中等收入国家高 11 个百分点。① 改革开放以来，数亿农民正是通过参与工业化、城镇化、农业现代化进程，才摆脱了贫困。共同富裕就是要构建更具包容性的经济体制，让绝大多数个体都能够有效参与经济活动。例如，2019 年我国处于劳动年龄的 1800 多万残疾人口中的 800 多万，通过农业技术培训、技能培训、资金信贷扶持、就业介绍等形式的就业帮扶实现了就业，这本身就提高了整个经济体系的生产率。同时，共同富裕很重要的方面是投资于人，通过培训、终身教育等方式提高弱势群体的人力资本水平，通过组织化帮扶的方式提高弱势群体的社会资本水平，从而使他们能够更好地参与经济活动，同时提高整个经济体系的生产率。

不同于只是将生存竞争、适者生存、弱肉强食作为效率来源的资本主义效率，共同富裕是要在工作场所、生活空间乃至整个国家，建设大大小小的利益、价值与命运共同体，这本身就是真正激发人内在动力的社会主义效率。在雇佣劳动条件下，劳动者处于强迫劳动状态，只要缺乏内生动力，就会有形式主义、官僚主义。而在社会主义共同体之中，劳动者会以主人翁的负责任态度来建设企业，这种内生动力本身就要比任何物质刺激、外在考核与监督带来的动力要大得多，要持久得多。

就生产关系而言，共同富裕就是要构建更加公平合理的产权结构与分配机制，合理配置所有权、使用权、运营权、处分权、抵押权、收益权等，通过推进公平合理的初次分配、二次分配、三次分配机制，

---

① 劳动参与率是经济活动人口（包括就业者与失业者）占劳动年龄人口（指 16—64 岁人口）的比率。

从而更好地分好蛋糕。

在初次分配领域，不是要搞"杀富济贫"，而是要真正按照市场等价交换原则，做到按劳取酬，按贡献获取回报，多劳多得，贡献越大回报越大。事实上，自由交换不等于等价交换，在一个资本逻辑主导的环境中，分配机制是高度扭曲的，不是谁贡献大，谁回报多，而是谁强势，谁回报多。社会主义分配机制就是要解决资本对于市场的扭曲问题，真正维护市场经济的等价交换原则，真正做到按劳分配与按照要素贡献分配相结合。

规范资本运营，有效驾驭资本。处理好不同类型资本之间关系，通过降低实体经济的运营成本等方式，提高实业资本回报率，压缩投机资本的牟利空间，避免大量资本通过金融投机等方式掠夺社会财富，同时，严格取缔灰色资本与黑色资本。加强资本监管，避免资本无序扩张，确保资本的逐利动机服务于实体经济增长，服务于实现人民福祉，服务于社会主义建设，而不是通过制造社会焦虑，刺激虚假消费等方式来实现资本增殖。

建设新型劳资共同体，缩小劳动与资本差距。鼓励企业建设新型劳资共同体，不是要恢复传统的"大锅饭""铁饭碗"，而是通过创造条件让员工共享资本收益、扩大员工参与企业管理途径、加强员工福利保障、为普通员工提供更有尊严的职业上升通道等方式实现资本与劳动融合，减少资本与劳动的对立，构建全体员工的利益、价值、命运共同体。华为就是典型的新型劳资共同体，华为的董事长任正非的股权只有1.4%，剩余98.6%都是员工持股，员工既是劳动者又是股东，华为的实践表明这样的队伍是最有战斗力的。同样，在农村的新型集体经济中，农民既是股东又是劳动者，所有者与劳动者是一体的，而不是分离的。一些企业在复兴曾经被认为落后的"单位办社会"体制，当然这不是传统的单位大包大揽体制，而是提供良好的单位福利，与员工建立更多的利益和情感连接。

主动调控收入差距，形成公平合理的收入分配格局。一些流量明星、头部主播的畸形高收入，更多体现的是他们的资本价值，而非社会价值。同时，许多对于国家和社会有巨大贡献的群体，由于缺乏资本价值，却无法得到相应回报。这就需要政府主动对收入格局进行调控，限制一些畸形的高收入，采用提供"去商品化"福利的方式来弥补社会价值被低估群体的收入。同时，采取各种措施提高中低收入群体的收入水平。例如，加强对于中低收入群体的培训，帮助中低收入群体职业成长，鼓励中低收入群体从事兼职兼薪工作等。从长远来看，还需要考虑逐步建立全民基本收入（Universal Basic Income）制度。

就二次分配而言，要充分发挥税收调节贫富差距的功能。要改变目前资本税负过低，劳动税收负担过高的状况，加大资本与资产的购买、持有、转移、继承等环节的税收征收。高收入群体本身就是避税能力更强的群体，要加大对高收入群体的税收征收监管，严厉打击各类偷税、非法避税行为。提高劳动所得税税收起征点，加大累进税阶梯差别，提高高收入群体税负，降低中等收入群体税负，对低收入群体实施负所得税率。

二次分配不但要从收入角度考虑，还要从支出角度考虑，通过提供更加普遍可及、更高质量的公共物品，推进共同富裕。推进不同地区之间、城乡之间的基本公共服务均等化，缩小不同地区之间、城乡之间非基本公共服务的差异。社会主义优越性的一个重要体现就是人民能够享受更高水平的公共福祉，如更便捷的高铁、更普及的 4G 和

5G 信号等。

就三次分配而言，需要鼓励先富群体、先富地区通过各种形式帮助落后群体、落后地区多为共同富裕作出贡献。首先是鼓励通过公益慈善、社会捐赠方式实现第三次分配。我国社会捐赠规模总体上比较小，2019 年我国内地社会捐赠总额为 1509.44 亿元（全年共接收境内外款物捐赠 1701 亿元），仅占 GDP 的 0.15%。[①] 我们要看到即使捐赠比例比较高的国家，许多社会捐赠也只是为一些富豪提供了避税渠道。更重要的是，要鼓励先富群体、先富地区，采取各种方式对于落后群体、落后地区进行帮扶，既能通过强弱联合实现共赢发展，又能强者带动弱者共同发展，形成先富带后富的良好发展氛围。

就上层建筑而言，我们需要不断完善其中引导全社会走共同富裕道路的组成部分。

走共同富裕道路，根本上需要坚持党的领导。人民性是中国共产党最突出特性，推动全体人民共同富裕体现了党的宗旨和目标。只有通过党的领导，才能够将资本的逐利动机引导到社会主义方向上来。只有通过党的领导，人民才能够被组织化起来，才能够走共同富裕道路。党的组织化要大于资本的组织化：资本的组织化构建的是"虚假共同体"，党的组织化才能建设"真正共同体"；资本的组织化只能走少数人富裕道路，而党的组织化才能够走共同富裕道路。

我们不但要追求物质上的共同富裕，还要追求精神上的共同富裕。精神上的共同富裕意味着所有人都能跟上时代步伐，都能活在时代进

---

① 参见刘芳：《1701 亿元！ 2019 年我国慈善捐赠总额创新高》，中国青年报客户端 2020 年 9 月 19 日。

步的希望中。在扶贫工作中我们经常谈到的是"扶贫先扶智",在共同富裕的道路上同样也是"致富先致智"。精神上的共同富裕意味着每个人都是共同体建设的主人翁,强者在其中能够更好地实现自身的人生价值,弱者也能在其中更加温暖。精神共同富裕道路意味着要推动人的全面发展,推动人的物质性和精神性的同步发展,个体性和社会性的同步发展,每个人不但有更高的物质生活水平,也有更健康的身体、更高的受教育水平、更积极向上的生活方式。精神共同富裕也意味着允许人们追求更有意义的生活,通过保障人们的基本民生需求,使人们能够从为满足住房、医疗、教育等民生"刚需"而终身劳碌的状况中解脱出来,能够去追求更有意义,更有价值的生活。精神共同富裕也意味着去构建一个更为平等的社会结构与社会价值观,不是去倡导精英文化甚至培养"贵族意识",而是要在社会中形成英雄不问出处、职业不分贵贱、财富不论高低的价值观氛围,更多倡导崇尚劳动者精神、人民英雄、平凡美德的大众价值观,使所有人都能拥有有尊严的生活。

"大道之行也,天下为公。"我们建设的社会主义现代化不是一个少数人富裕的精英世界,而是一个共同富裕的大同世界,这既是中国人千百年来的追求,是社会主义道路的要义所在,也是中国能够为人类提供的不同于西方的新型现代化模式。

李义平 中国人民大学全国中国特色社会主义政治经济学研究中心学术委员会委员、经济学院教授

共同富裕的政治经济学分析

改革开放后，我们打破传统体制束缚，允许一部分人、一部分地区先富起来，推动解放和发展社会生产力，总体经济实力和人民生活水平都得到快速提高。党的十八大以来，党中央把逐步实现全体人民共同富裕摆在更加重要的位置上，为促进共同富裕创造了良好条件，正在带领全体人民朝着共同富裕目标扎实迈进。

实现共同富裕，根本靠高质量发展，关键靠统筹协调。无论是促进经济发展，还是协调各方面的经济关系，都必须坚持以马克思主义政治经济学为指导，从马克思主义政治经济学的视角来认识相关的经济问题。

一

在社会主义的当代中国，共同富裕包含着十分丰富而深刻的内容。贫穷不是社会主义，要建设比资本主义更具有优越性的社会主义，就

必须摆脱贫穷，步入富裕。这是社会主义的富裕，是共同富裕，不是资本主义的富裕，即少数人的富裕。共同富裕是循序渐进、水到渠成的过程，在这一过程中要考虑到地区、城乡、行业之间的平衡与协调，解决好发展不平衡不充分的问题。共同富裕是全方位的富裕，不仅包括物质层面的满足，而且包括精神层面的满足。共同富裕体现的是和谐共富，但不是齐步走，少数人可以先走一步，再带动大家共同富裕。一个国家和地区的经济发展是动态的，因此共同富裕是分阶段的，也是分地区的，是从不平衡到平衡的不断演进的过程。

高质量发展是促进共同富裕的内在要求。共同富裕既是一个生产问题，又是一个消费问题。说它是生产问题，是指实现共同富裕必然要解决供给方面能不能生产出满足人民群众需要的产品和服务，既包括量的满足也包括质的满足。说它是消费问题，是指实现共同富裕的过程也是全体人民的消费不断升级的过程，这个升级的过程会带动供给总量的增加，刺激经济不断迈向更高水平。

共同富裕不仅表现为个人收入水平的提升和收入差距的缩小，还表现为政府提供的公共福利水平的提升，不断促进基本公共服务的均等化，例如，提供更加均等的医疗、教育等公共服务，畅通向上的流动渠道，公平地享受各种发展机会，给更多人创造致富机会。

二

实现共同富裕，涉及的内容广泛，从政治经济学的角度来看，核心问题之一是收入分配问题，即形成人人享有的合理分配格局。中央指出，"要清理规范不合理收入，整顿收入分配秩序，坚决取缔非法收入"，这为改善收入分配、缩小收入差距提出了具体的要求。

改革开放后，我国以经济建设为中心，迅速成为世界第二大经济体，总体发展水平有了快速提高。但与此同时，也出现了收入差距拉大的问题。收入差距拉大的原因是多方面的，主要包括：

第一，改革开放后的一段时期，我们更多强调效率优先。原因在于之前长期实施计划经济，虽然集中有限的人力、物力、财力在短时间内建成了比较完善的国民经济体系，但难以计划和分配千差万别的供给和需求、生产和消费。经济发展的效率并不高，摆脱贫穷是当时面临的紧迫任务，为了尽快走出贫穷，必须把效率放在第一位。效率优先意味着有能力的市场主体发展得快，收入增长得快，从而导致收入差距的拉大。

第二，在改革探索中曾经存在的一些误区导致了收入差距的拉大。比如，把价值创造和价值分配混为一谈。正确的逻辑应该是价值创造的贡献大则回报多，贡献少则回报小。然而，在一些领域出现了由分配决定贡献的大小，而不是由贡献大小决定分配的错误认识。有些企业的管理人员获取很高的年薪，他们因高年薪而认为自己对价值创造的贡献大，而那些实体经济的一线劳动者，他们对价值创造的贡献最大，却由于市场谈判力量相对弱势，所得小于贡献，反被认为对价值创造的贡献小。这导致人们没有给予提高一线劳动者报酬问题足够的重视。

第三，没有区分生产劳动和非生产劳动。生产劳动是生产物质产品的劳动，如农民的劳动和工人的劳动，非生产劳动是指不生产物质产品的劳动。按照马克思的理论逻辑，区分生产劳动和非生产劳动并给予相应合理的回报，有利于实体经济的发展；不区分生产劳动和非生产劳动，甚至把什么劳动都视为生产劳动，则易于发展虚拟经济，形成经济泡沫。

第四，过度金融化。所谓金融化，是把一切实体的、虚拟的东西都变成可以交易的金融产品。金融本来是服务于实体经济的，过度金融化则颠倒了生产和金融的关系，不仅对实际财富增长的贡献不大，而且会助长投机行为，不利于社会发展。

当然，这些原因大都是阶段性的，可以在改革中不断加以解决。

三

实现共同富裕，必须坚持马克思主义政治经济学的劳动价值论。马克思认为，劳动创造价值，同时参与使用价值的创造。任何一个民族，如果失去劳动，不用说一年，就是几个星期，也要灭亡。要想得到能够满足各种不同需求的总产品，就要付出相对等的社会劳动总量。坚持劳动价值论，就是要区分生产性劳动和非生产性劳动，在分配中只有充分考虑到生产性劳动的回报，才最终有利于实体经济的发展；坚持劳动价值论，就是要着力保护劳动所得，增加劳动者特别是一线劳动者的劳动报酬，提高劳动报酬在初次分配中的比重，在经济增长的同时实现居民收入同步增长，在劳动生产率提高的同时实现劳动报酬同步提高；坚持劳动价值论，就是要区分简单劳动和复杂劳动。复杂劳动创造的价值是倍加的简单劳动。复杂劳动是动态的，随着科学技术的进步不断以更高级的形式出现。应当充分注意到科技工作者、基础理论研究者劳动的特殊性，将其作为复杂劳动给予充分关注。

实现共同富裕，需要加大再分配调节力度，更加关注公平。党的十八大指出，初次分配和再分配都要兼顾效率和公平，再分配更加注重公平。2021年8月召开的中央财经委员会第十次会议指出，要构建初次分配、再分配、三次分配协调配套的基础性制度安排，加大税收、社保、转移支付等调节力度并提高精准性，扩大中等收入群体比重，增加低收入群体收入，合理调节高收入，取缔非法收入，形成中间大、两头小的橄榄型分配结构。这样的制度安排，可以提高整个社会的福利水平，促进实现共同富裕。

实现共同富裕，在分配问题上必须坚持市场与政府相结合的原则。我们实行的是社会主义市场经济，市场在资源配置中起决定性作用，劳动力价格随行就市的变动是一种正常的市场现象。政府之所以要进行适当的干预，是因为作为社会主义国家，当个体劳动者在市场谈判中较之资本处于弱势地位时，政府为了确保劳动者的基本工资不低于国民收入中劳动报酬应有的水平，必须进行合理的干预。

中国特色社会主义市场经济在分配问题上坚持市场与政府相结合的原则，就是既要通过市场机制来合理配置劳动力资源，提高经济发展的效率，也要保障劳动者的合法权益，维护好劳动者的利益，促进社会公平。

共同富裕

举措篇

马建堂 国务院发展研究中心党组书记、副主任

在高质量发展中促进共同富裕

共同富裕是社会主义的本质要求。中国共产党在建党之初，就义无反顾地肩负起实现中华民族伟大复兴的历史使命，把为中国人民谋幸福、为中华民族谋复兴作为初心和使命，把促进全体人民共同富裕作为为人民谋幸福的着力点。历经百年奋斗，党中央带领全党全国各族人民在实现共同富裕的道路上砥砺前行，取得了全面建成小康社会的伟大胜利，历史性地解决了困扰中华民族几千年的绝对贫困问题，把古代先贤"使老有所终，壮有所用，幼有所长，矜寡孤独废疾者皆有所养"的大同社会梦想变为现实。进入全面建设社会主义现代化国家新征程，以习近平同志为核心的党中央从满足人民日益增长的美好生活需要出发，赋予共同富裕更加丰富的时代内涵，我们要完整准确地理解，全面系统地落实。

坚持社会主义初级阶段基本经济制度，在改革发展中继续夯实共同富裕的物质基础。要坚持"两个毫不动摇"，毫不动摇巩固和发展

公有制经济，发挥好公有制经济在高质量发展中的主体作用；毫不动摇鼓励、支持、引导非公有制经济发展，发挥好民营经济在创造财富、提供就业、推动创新创业中的生力军作用。要坚持发展是第一要务，在高质量发展中推动共同富裕取得更为明显的实质性进展，通过收入分配的优化为高质量发展提供不竭动力。

坚持按劳分配为主体、多种分配方式并存，健全各类生产要素由市场决定报酬的机制。健全工资决定及正常增长机制，适时调整最低工资标准，积极稳妥推行工资集体协商。健全以实际贡献为评价标准的科技创新人才薪酬制度。拓宽居民租金、股息、红利等增收渠道。保护投资者特别是中小投资者合法权益。多渠道增加农民集体和个人分享的增值收益、股权收益、资产收益。

加大税收、转移支付调节力度和精准性，平抑初次收入分配差距和贫富差距的代际传递。健全直接税体系，完善综合与分类相结合的个人所得税制度，减轻中等以下收入者税收负担。优化财政支出结构，提升民生性支出比重。转移支付项目更加精准地向困难地区和突出问题、薄弱环节集中发力。提高优抚对象抚恤补助标准，健全经济困难老年人补贴制度，完善孤儿基本生活保障制度和儿童生活救助制度，建立困难残疾人生活补贴和重度残疾人护理补贴制度。

更好发挥三次分配在缩小收入与财富差距中的作用。积极培育慈善组织，简化公益慈善组织审批程序，鼓励有条件的企业、个人和社会组织举办公益事业。落实并完善慈善捐赠税收优惠政策。

持续整顿收入分配秩序，维护和实现社会公平正义。有效抑制通过非市场因素获利，对部分过高收入行业的国有及国有控股企业严格实行工资调控政策。清理规范工资外收入，规范职务消费和行政公务支出。坚决取缔非法收入，严厉打击经济犯罪活动。建立健全社会信用体系和收入信息监测系统。

构建更加公平、更可持续的多层次社会保障体系，逐步缩小社会保障待遇差距。将农民工、灵活就业人员等新型就业形态人员纳入保障水平更高的职工社保体系。完善社会保险的缴费率、衔接转续、异地直接结算等制度。制定实施城乡居民基本养老金标准常态化调整机制。实现基本养老保险全国统筹，逐步推进失业保险、工伤保险的省级统筹。完善兜底保障标准动态调整机制，加快缩小社会救助的城乡标准差异。完善养老服务体系，保障老年人共享经济社会发展成果，建设老年友好型社会。

完善住房保障制度体系，着力解决人口流入多、房价高的城市的住房保障问题。坚持"房住不炒"。积极稳妥推进房地产税立法和改革，做好试点工作。鼓励多余住房用于租赁，提高存量房源利用率。加强保障性住房建设，规范住房租赁市场，加强租赁住房权益保护，加快完善长租房政策。

高质量推进基本医疗和公共卫生服务均等化，着力促进医疗服务可及性与健康公平。健全个体工商户、灵活就业者、家属连带参保激励机制。加快推进落实基本医保待遇清单制度。构建重特疾病多元保障模式。加快推进医联体、医共体建设，引导医院资源下沉基层。加快发展远程医疗。实施慢性病综合防控战略。加强重大传染病防控，完善传染病监测预警。加快推动"将健康融入所有政策"，创建有利于健康的生态和社会环境。

深化行政管理体制改革，切实保障人民平等参与、平等发展权利。大力拓宽社会组织和公众参与社会治理的渠道。推动社会治理重心下沉基层，引导群众自治，实现民事民来议、民来办。创新社会矛盾预防预警机制，注重源头治理。完善社会调查制度、听证会制度、协商谈判制度、信访制度和信息公开制度等。完善劳动保护与公共就业服务制度，着力促进就业机会公平。

深化教育体制改革，着力促进教育公平与社会人力资本积累。扩大普惠性幼儿园供给和覆盖率。加快城镇学校扩容增位，改善寄宿制学校条件，完善进城务工人员随迁子女在当地参加高中阶段学校考试招生的政策措施。支持有条件的地区率先积极探索免费职业教育。调整优化区域高等教育资源布局，推进部分普通本科高校向应用型转变，实现人才培养与社会经济发展更加紧密结合。

加强文化事业建设，推进精神生活共同富裕。加强优秀文化作品创作和传播。推进城乡公共文化服务体系一体化、区域公共文化服务协同化建设。全面实现街道、社区等基层综合文化服务中心全覆盖。打造有特色、有品位的公共文化空间。推进公共文化服务数字化，提升公共文化服务效能。健全现代文化产业体系和市场体系，鼓励和引导文化消费。

加强社会主义精神文明建设，厚植共同富裕理念。推动形成适应新时代要求的思想观念、文明风尚、行为规范，厚植共同富裕理念。推动中华优秀传统文化创造性转化、创新性发展。持续提升公民文明素养，深入推进公民道德建设、志愿服务建设、诚信社会建设、网络文明建设。加强对外文化交流和多层次文明对话，提高中华文化的国际影响力和传播力。

共同富裕不是同步富裕。要发挥社会主义制度的优越性，鼓励先富带动后富，在人民物质和精神生活水平不断提高基础上实现共同富裕。

一要将促进共同富裕融入区域协调发展战略，发挥先富带动后富效应。完善区域协调发展机制，挖掘我国实现共同富裕的巨大空间潜力。鼓励京津冀、长三角、粤港澳大湾区等地区在推进共同富裕方面发挥示范作用。完善政府间财政转移支付机制，加大对贫困地区、欠发达地区的支持力度，提升后富区域的发展能力。深化对口帮扶制度，在区域共同发展的基础上实现更高水平的共同富裕。

二要将促进共同富裕融入乡村振兴战略，巩固脱贫攻坚成果。逐步实现由集中资源支持脱贫攻坚向全面推进乡村振兴平稳过渡。健全防止返贫监测帮扶机制。促进脱贫地区产业提档升级，促进脱贫地区乡村特色产业发展壮大。广泛动员社会力量，积极支持和参与乡村振兴。统筹推进农村人居环境改善和乡村治理，打造一批美丽宜居村庄。

三要将促进共同富裕融入新型城镇化战略，优化以城带乡格局。建设一批高品质中心城市，形成人居品质示范效应。发挥都市圈、城市群的辐射功能，带动小城镇及乡村联动发展。协同推进户籍制度改革和城镇基本公共服务常住人口全覆盖，提高农业转移人口市民化质量。结合常住人口需要，以中心城区、中心镇等为核心，以交通路网和市政公用设施为重点，进行全域基础设施一体化规划建设管理。

宋晓梧　北京师范大学中国收入分配研究院教授

如何构建初次分配、再分配、三次分配协调配套的基础性制度安排

改革开放以来，我们借鉴发达市场经济国家的经验和教训，结合中国实际情况，经过艰辛探索，初步构建了社会主义市场经济分配制度。自党的十五大以来，党中央一再重申坚持按劳分配为主体、多种分配方式并存的分配制度。2019年，党的十九届四中全会通过的《中共中央关于坚持和完善中国特色社会主义制度、推进国家治理体系和治理能力现代化若干重大问题的决定》，将"按劳分配为主体、多种分配方式并存"的分配制度与"社会主义市场经济体制""公有制为主体、多种所有制经济共同发展"并列，上升为社会主义基本经济制度。实践证明，按劳分配为主体、多种分配方式并存的分配制度极大地调动了企业和职工的积极性，为我国经济的持续高速增长提供了一个基础性平台，这是我们要长期坚持的。同时也应看到，在分配领域，不平衡的问题日益突出，不充分的问题依然存在。在迈向共同富裕的

道路上，如何进一步深化分配制度改革，构建初次分配、再分配和三次分配协调配套的收入分配体系，是一个新的挑战。

初次分配、再分配和三次分配，这三个领域的分配制度之间既有紧密的有机联系，又各自遵循不同的原则。初次分配是基础，在社会主义市场经济条件下，市场对资源配置起决定性作用，劳动力、土地、资本、技术、管理和数据等要素都应由市场配置，并各自按贡献取得回报。再次分配是建立在初次分配基础之上的，如果没有社会各阶层充裕的合理合法的初次分配收入，国家就难以建立规范的包括基本社会保障、税收和财政转移支付等再次分配制度。三次分配更是以初次分配和再分配为基础，应当激励和引导高收入群体增强社会责任感，积极参与和兴办社会公益事业。我们可以设想一下，如果初次分配还搞企业吃国家的大锅饭、职工吃企业的大锅饭，平均主义盛行，就谈不上三次分配。

有人认为："初次分配靠市场，再分配靠政府，三次分配靠自愿。"这样的概括比较简明，但也有些简单化。在初次分配方面，如果市场体系比较成熟健全，"初次分配靠市场"的提法原则上没有大问题。但我国从计划经济转向社会主义市场经济，在市场体系构建方面，尤其是包括劳动力在内的要素市场建设还不够完善。例如，城乡户籍制度以及与此密切关联的基本公共服务体系分割了劳动力市场，致使近3亿农民工的收入长期被压低。农民工初次分配问题，显然不能简单用企业自主用工、农民工自主择业这样的个体劳动契约关系来解决。深层次的问题是政府如何进一步打破城乡行政分割，加快培育统一的劳动力市场。2020年3月，中共中央、国务院出台了《关于构建更加完善的要素市场化配置体制机制的意见》，提出要深化户籍制度改革，畅通落户渠道，"探索推动在长三角、珠三角等城市群率先实现户籍准入年限同城化累计互认。放开放宽除个别超大城市外的城市落户限制，试行以经常居住地登记户口制度。建立城镇教育、就业创业、医疗卫生等基本公共服务与常住人口挂钩机制，推动公共资源按常住人口规模配置"。落实上述政策措施，将大大加快农民工市民化进程，对缩小收入分配差距意义重大。又如，适时调整最低工资指导线、加强对劳动力市场的监管、提供就业公共服务等，也是政府不可或缺的责任。

"再分配靠政府"原则上没有问题。基本社会保障、税收、财政转移支付等再分配制度是政府运用法律手段实施的。我国已经建立起覆盖全民的社会保障体系，免征农业税以及在新冠肺炎疫情防控期间减免企业税费负担，通过财政转移支付加大对老少边穷等困难地区支持力度，推动基本公共服务均等化等，在再次分配方面取得了很大进展。现在的问题是，我国再分配制度对于平抑初次分配差距发挥的作用很不够。20世纪80年代末90年代初，针对平均主义盛行的社会背景，曾提出把初次分配的激励原则引入再分配，这在当时历史条件下是可以理解的。经过40多年的改革开放，我国的社会经济生活已经发生了巨大变化，在创造了高速经济发展奇迹的同时，逐步积累了许多问题，其中十分突出的是收入分配差距过大。在这种情况下，"十四五"及今后一个时期的基本社会保障制度改革，应强调并提高其公平性、共济性。在税收制度方面，我国直接税所占比重仍然偏低，其中劳动报酬的最高边际税率又高于资本所得税率，且我国的直接税种中，目前主要针对流量收入，调节存量财产差距的房产税、遗产税、赠与税等多年酝酿，未见出台。长期积累，对居民的财富差距必将起到放大作用。因此,"十四五"及今后一个时期,政府再分配的着力点应当放在平抑初次分配的过大差距上。

"三次分配靠自愿"的提法不够严谨。自愿捐赠当然是值得提倡和肯定的。2016年我国颁布了慈善法,明确规定"开展慈善活动,应当遵循合法、自愿、诚信、非营利的原则","国家鼓励和支持自然人、法人和其他组织践行社会主义核心价值观,弘扬中华民族传统美德,依法开展慈善活动"。三次分配在我国还处在起步阶段,与发达国家相比,人均捐款还有很大差距,但家产十亿美元的富豪人数已经超过美国,居世界第一位。从国际经验看,如果没有遗产税、赠与税等税种,仅靠宣传号召、道德感召,三次分配也很难规范地发展起来。有了遗产税、赠与税的平台,同时给予慈善事业和其他社会公益事业的税收优惠,建立有利于慈善组织健康发展的体制机制并加强监督管理,三次分配才能更充分地得到发展。

概括地说,初次分配重在调动社会各阶层市场竞争的积极性,让一切能够创造财富的源泉都充分涌现出来。再分配重在基本公共服务均等化,校正市场的"马太效应",为社会稳定和经济可持续发展奠定坚实基础。三次分配重在慈善公益事业,让经济发展的成果更好地惠及全体国民。这三个领域的分配制度不可顾此失彼,应当根据经济社会的不同发展阶段进行调整组合。构建各有侧重又内在关联的分配体系,是实现共同富裕的基础性平台。

蔡　昉　第十三届全国人大常委会委员、农业与农村委员会副主任委员

实现共同富裕必须努力扩大中等收入群体

党的十九届五中全会审议通过的《中共中央关于制定国民经济和社会发展第十四个五年规划和二〇三五年远景目标的建议》提出，在"十四五"时期"着力提高低收入群体收入，扩大中等收入群体"，到2035年"中等收入群体显著扩大"。这是从解决发展不平衡不充分问题出发，以提高人民收入水平、缩小收入分配和基本公共服务差距为导向，通过促进更加公平的发展，实现全体人民共同富裕取得更为明显的实质性进展目标的重要部署。在开启全面建设社会主义现代化国家新征程的新发展阶段，扩大中等收入群体是一项把发展的目的和手段有机统一的重要要求，也有助于把一系列与民生相关的改革和发展举措协同起来，同步、配套地予以推进。

中等收入群体为主体是收入分配良好的状态

党的十八大以来,我国居民收入保持了与国民经济的同步增长,收入分配状况得到明显改善,居民收入基尼系数从2008年0.491的最高点降低到2019年的0.465,人民生活水平显著提高,脱贫攻坚成果举世瞩目。由于率先取得抗击新冠肺炎疫情的决定性成就,2020年我国成为全世界唯一实现正增长的主要经济体,GDP超过100万亿元,城乡居民人均可支配收入总体实现在2010年基础上提高一倍,并在中国大地上第一次消除绝对贫困现象,在全体人民共同富裕的道路上迈进了具有历史意义的一步。

促进全体人民共同富裕的目标没有终点,作为全面建成小康社会之后的第一个五年,"十四五"时期只是不断改善民生的一个新起点。首先,按照世界银行的分组标准,我国目前仍然处于中等偏上收入国家的行列,在"十四五"末我国人均GDP将达到高收入国家标准。只有居民收入实现同步提高,人民生活水平才能达到高收入国家的入门标准。其次,虽然基尼系数有所下降,但是仍然处于大于0.4这种收入不均等的水平,并且过去几年中基尼系数改善的幅度减小。最后,实现农村贫困人口全部脱贫之后,我们仍然面临着不断解决相对贫困问题的艰巨任务。针对这些挑战,党的十九届五中全会作出了一系列重大部署,其中扩大中等收入群体的要求,表明了实现全体人民共同富裕的目标和手段,具有重要意义和现实针对性。

从基尼系数这个度量收入均等程度指标的计算原理,可以看到扩大中等收入群体对于改善收入分配的意义。统计学家在度量收入差距时,先假设一种绝对均等的收入分配状况,即每个群体都获得相同的收入，或者说社会上每个人都获得全社会的平均收入或中位数收入（基尼系数取值为0）；再假设一种绝对不均等的收入分配状况，即社会全部收入仅为极少数人群获得，大多数群体不能获得任何收入（基尼系数取值为1）。现实中的收入分配状况处于这两种极端情形之间，因此基尼系数取值在0—1。从统计意义上来看，获得社会平均水平收入的群体越庞大，全社会的收入分配就越接近于基尼系数为零的境界，收入分配状况就越均等。可见，从统计学中的众数、平均数和中位数等概念相统一的意义上，扩大中等收入群体就是改善收入分配，就是促进全体人民共同富裕的有效途径。

扩大中等收入群体是经济社会均衡的过程

促进全体人民共同富裕，是一个包括解决我国发展不平衡不充分问题、缩小城乡区域发展和收入分配差距、改善人民生活品质等问题的内涵十分广泛的目标，需要从诸多方面着眼和着力。相应地，中等收入群体的定义也不仅限于收入水平一个指标，还应该包括其他与人民生活品质相关的内容。总体来说，中等收入群体应该具有在全社会处于中等水平的收入、稳定的就业、符合基本需要的居住条件、充分供给的基本公共服务、一定数量的家庭储蓄和适度的财产收入，并且具有超过基本生存需要的相关消费等。按照这样的标准扩大中等收入群体规模，逐渐形成以其为主体的橄榄型社会结构，就是一个经济社会发展均衡水平不断提高、全体人民共同富裕的过程。而且，在这个动态过程中，公平和效率之间以及经济发展和社会稳定之间，可以实现高度统一和相互促进的关系。

第一，扩大中等收入群体是提高居民收入和消费水平的重要途径。

以这种方式提高整体居民收入，意味着低收入家庭随着收入水平提高而不断进入中等收入群体行列，不仅社会收入分配状况得到改善，也会使有效消费需求得以整体提高。一般来说，低收入家庭具有更高的消费意愿，因而在收入增长的情况下，这类家庭会以较大的幅度扩大消费。因此，中等收入群体扩大的过程会促进经济循环的平衡。2019年，我国总人口、经济总量和最终消费总额的世界占比分别为18.2%、16.4%和12.1%，在保持经济持续发展、居民收入增长与GDP增长同步以及居民消费水平提高的情况下，不仅人均GDP、人均可支配收入和人均消费之间的平衡会得到改善，也会使总需求"三驾马车"即出口、投资和消费之间的关系更加平衡与合理。

第二，扩大中等收入群体是提高基本公共服务水平和均等化程度的重要途径。基本社会保险、各种社会救助、义务教育、生态环境保护、保障性住房和老年护理等一系列基本公共服务的满足程度，是人民生活品质不断得到改善的重要内容和显示性指标。一方面，随着人民生活水平的提高，人们对居住、环境、生态、安全等方面的需求显著提高，这些逐渐成为居民的刚性需求，需要显著增强和持续保障；另一方面，在经济发展和财力可持续增长的基础上，筑牢社会保障网、提高基本公共服务水平和社会福利水平，可以解除消费的后顾之忧，从而进一步释放居民消费潜力，促进经济循环的平衡。

第三，扩大中等收入群体是促进安定团结、提高社会凝聚力的重要途径。遵循以人民为中心的发展思想，改革开放以来我国创造了经济快速增长和社会长期稳定两大奇迹。一个重要原因在于我国改革开放发展的成果得到了最广泛的分享，进而改革开放的方针以及国家治理方式和成效得到最广大人民群众的高度认同。有恒产者有恒心。不仅中等收入群体本身是共享发展的获益群体，中等收入群体不断扩大的过程，也是提高劳动参与率和增进社会性流动的过程、贫困人口脱贫致富的过程、人民群众不断扩大劳动和其他要素收入及财产性收入的过程，以及基本公共服务保障水平和均等化程度不断提高的过程。

扩大中等收入群体的若干重要政策举措

共同富裕是社会主义的本质要求，是人民群众的共同期盼。我们推动经济社会发展，归根到底是要实现全体人民共同富裕。党的十九届五中全会对"十四五"时期经济社会发展和2035年远景目标作出的一系列重大部署，都是围绕着促进全体人民共同富裕这一要求作出的。在全面建设社会主义现代化国家新的发展阶段上，进一步深化改革、扩大开放、推动经济社会发展，也需要充分体现共同富裕这个根本目的和本质要求。

第一，在经济发展过程中不断提高居民收入水平，持续改善收入分配，促进全体人民共同富裕。在劳动生产率不断提高的基础上，要提高劳动者的工资水平。劳动力是一种以人为载体的特殊生产要素，因此，工资水平不仅依靠劳动力市场上的供求关系决定，还要发挥最低工资、集体协商、劳动合同等劳动力市场制度的作用。劳动力市场的初次分配机制也不足以缩小现存的收入差距，还需要完善再分配机制、加大再分配政策力度，利用税收、社保、转移支付等手段，合理调节收入。根据国际经验，高收入国家的基尼系数显著低于中等收入国家，主要是通过再分配手段调节实现的。在"十四五"末和到2035年，我国人均GDP将分别达到现行的高收入国家标准和中等发达国家水平，因此，应该逐步加大利用再分配手段缩小居民收入差距的政策实施力度。

第二，提高基本公共服务保障水平和均等化程度，突出再分配机制的中国特色。尽力而为和量力而行的统一，最好地诠释了随着经济发展水平而不断提高基本公共服务水平的中国方案。这里主要强调以下几个重要和紧迫的基本公共服务领域。一是通过提高公共就业服务水平和效率，提高劳动年龄人口的劳动参与率和就业率，达到扩大中等收入群体的目标。二是提高各种社会保险制度的保障水平和覆盖率，通过社会政策托底来保障和改善民生，在稳定劳动者和居民的基本民生和预期的前提下，营造创造性破坏的竞争环境，提高劳动生产率和全要素生产率，促进高质量发展。三是通过教育深化和均等化，使新一代劳动者具备符合时代要求的就业和创业能力，并能够不断更新技能以适应新科技革命和产业结构调整的需要，更充分和更高质量地参与劳动力市场，阻断贫困代际传递，扩大中等收入群体规模。

第三，精准扶助重点人群，有针对性地解决困难群体的实际问题，持续培育新成长的中等收入群体。在实现农村贫困人口全部脱贫之后，政策焦点和机制建设应及时转向解决相对贫困问题。一般来说，相对贫困标准是以中位收入水平为基础制定的，因此，建立解决相对贫困的长效机制，有助于尽快把已脱贫的农村人口提升到中等收入行列。加快户籍制度改革，推进以人为核心的新型城镇化，让更多在城镇常住和稳定就业的农民工及其家庭成为中等收入群体的成员。实施积极应对人口老龄化国家战略，通过提高老年群体的劳动参与率和享受社会保障的水平及均等程度，满足他们对医养、康养和照护的需求，最大限度地使老年人享有中等收入水平的生活。

迟福林
第十一、十二届全国政协委员，中国（海南）改革发展研究院院长

在形成合理分配的格局中实现共同富裕

2021年8月17日召开的中央财经委员会第十次会议研究扎实促进共同富裕。共同富裕是社会主义的本质要求，是中国式现代化的重要特征，要坚持以人民为中心的发展思想，在高质量发展中促进共同富裕。

一、促进全体人民的共同富裕

促进全体人民的共同富裕是适应我国社会主要矛盾变化的基本目标，是适应全体人民日益增长的美好生活需求的战略任务。与此同时，必须清楚地看到，我国是一个发展中大国，实现共同富裕是一个长期过程，不是一蹴而就的。14亿多人的大国推进共同富裕，在人类发展史上没有先例。因此要充分估计共同富裕的长期性、艰巨性、复杂性。

（一）适应我国社会主要矛盾变化，促进全体人民共同富裕

进入新发展阶段，改革发展的重要目标就是基本实现全体人民的共同富裕。老百姓追求的不仅是物质生活，还有精神文化生活。共同富裕的内涵，不仅是物质生活的富裕，也包括精神生活的富足。我国进入新发展阶段，教育、医疗、健康、文化等已成为老百姓日益增长的重要需求。因此，要在教育、医疗、健康、文化等方面为全体人民创造条件，使城乡居民不仅能够有机会享有，而且水平大致相当。

（二）分阶段促进共同富裕

到2035年我国基本实现社会主义现代化，重要目标就是使人民生活更加美好，人的全面发展、全体人民共同富裕取得更为明显的实质性进展。我国是一个大国，一方面，正处在由高速增长的发展向高质量发展的转换时期，实现全体人民的共同富裕，不是一步到位，而是要分阶段实现；另一方面，区域发展、城乡发展仍不均衡。"分阶段"是逐步实现共同富裕的突出特点。

在每个阶段，共同富裕有不同的目标、不同的任务。例如，党的十九大提出，到本世纪中叶"全体人民共同富裕基本实现"，党的十九届五中全会进一步提出，到2035年"全体人民共同富裕取得更为明显的实质性进展"。当前，我国中等收入群体大约有4亿人，若到2035年中等收入群体实现倍增，有8亿人左右。

总的来看，到2035年全体人民共同富裕取得更为明显的实质性进展，这将是在共同富裕的道路上走出的决定性的一步，这一步将为实现更高水平的共同富裕打下坚实基础。所以，不能把阶段性目标作为终极目标。要看到，共同富裕是长期目标。当前主要任务是实现第一步，并且走出一条实现共同富裕的中国之路。

要明确各个阶段的共同富裕的发展目标，形成引导各方预期的体制机制安排；要鼓励各地因地制宜探索有效路径，总结经验，逐步推开。前不久，我到浙江桐庐调研。虽然相较于浙江有的地区，桐庐经济发展水平并不是最高的，但是我感觉是初步实现共同富裕的一个典型案例：一是它的生态环境特别好，实现了绿色发展；二是城乡差距较小，城乡一体化水平较高；三是老百姓的获得感很强，在基本公共服务、社会治理等方面，老百姓比较满意。

（三）走出更符合基本国情的共同富裕之路

共同富裕不是整齐划一的平均主义，也不是少数人的富裕。我国实行改革开放以来，打破传统体制束缚，允许一部分人、一部分地区先富起来，推动解放和发展社会生产力，这是符合我国社会主义初级阶段基本国情的重大选择，是在特定发展阶段下改革发展的路径选择。今天，进入新发展阶段，我国经济社会发展有条件、有可能、有基础提出并实现共同富裕的目标。当然，强调实现共同富裕绝不是少数人的富裕，也绝不是平均主义的富裕。实现共同富裕，就是要鼓励、支持全体人民通过勤劳致富、创新致富、发展致富、改革致富。也就是说，要在全面深化改革中为全体人民创造更多的机会和条件。

二、在形成合理分配的格局中实现共同富裕

实现共同富裕，是一个长期性、系统性的重大任务。不仅要惠及城镇居民，也要惠及农村居民；不仅要惠及中等收入者，更要惠及低收入者；不仅要惠及当代人，也要惠及后代人。

（一）形成人人享有的合理分配格局是实现共同富裕的一个基本前提

我国仍处在社会主义初级阶段，区域、城乡发展的不均衡、不充分比较突出。全面深化改革的重大任务之一，就是要提高发展的平衡性、协调性、包容性，就是要在经济增长和提高经济活力的同时，进一步缩小城乡差距和居民收入差距。目前，我国城乡居民收入差距仍相对偏高，财富收入差距较大。从基本国情出发，形成人人享有的分配格局，就是要合理提高劳动报酬及其在初次分配中的比重，健全劳动、资本、技术、管理等生产要素按贡献参与分配的制度，健全工资合理增长机制，合理调整最低工资标准；就是要缩小城乡居民的收入差距，尤其是缩小城乡内部的居民收入差距，创造条件让全体人民都能通过劳动致富、创新致富得到合理的回报；就是要促进各区域协调发展，增强区域发展的平衡性；就是要支持中小企业发展，强化行业发展的协调性。

（二）加快建立和完善城乡居民基本公共服务体系

目前，城市和农村已经建立了较为完善的公共服务体系，但是城市与农村的公共服务制度安排仍不统一，标准仍有较大差距。形成人人享有合理的分配格局，就是要逐步缩小城乡居民在享有基本公共服务方面的实际差距，推进城乡、区域、不同群体基本公共服务更加普惠、均等、可及，稳步提高保障标准、服务水平和服务效率。例如，农民工的孩子在城里上学仍然面临各种各样的问题。这就需要尽快打破各种掣肘，创造条件，使之在同等条件下，人人享有、机会平等、公平参与。又如，建立对低收入群体的保障机制，使低收入群体能够有一个比较合理的收入增长机制。

（三）形成人人享有的分配格局需要社会广泛参与

积极发展慈善等社会公益事业。鼓励引导高收入群体和企业家向上向善、关爱社会，增强社会责任意识，积极参与和兴办社会公益事业和慈善事业。例如，在基层通过工会互助基金等多种形式，形成教育、医疗等方面的互助机制。从现实情况看，调动全社会参与分配的积极性特别重要，而且空间巨大。

三、构建初次分配、再分配、三次分配协调配套的基础性制度安排

改革开放 40 多年来，我国经济快速增长，社会财富明显增大。与此同时，城乡间、区域间、群体间的收入差距仍比较突出。究其原因是收入分配改革滞后于经济社会发展实际需求。进入新发展阶段，深化收入分配制度改革，成为促进共同富裕的重大任务。

（一）深化以正确处理效率与公平关系为重点的收入分配改革

在改革开放初期短缺经济的背景下，我国经济发展的主要矛盾是如何做大经济"蛋糕"。针对"平均主义"和"吃大锅饭"，提出了"效率优先，兼顾公平"的原则，这对我国建立社会主义市场经济体制、做大经济总量发挥了历史性作用。进入新发展阶段，适应全体人民对美好生活的向往，处理好公平和效率的关系，就要在注重效率的同时更加注重公平。比如，加快实现城乡居民基本公共服务均等化，逐步缩小贫富差距、城乡差距、区域差距等。

深化收入分配制度改革，要加快构建初次分配、再分配、三次分配协调配套的基础性制度安排。要以初次分配注重效率调动各方积极性，以再分配实现社会公平，以社会为主体形成慈善共济的三次分配

新格局。从现实看，无论是初次分配、再分配，还是三次分配，都需要建立完善的体制机制，这是我国走向共同富裕的重要制度保障。

（二）初次分配要更加注重生产要素的公平分配

从实际看，相关的制度安排，如当前初次分配的基础制度安排中，劳动、技术、管理等各类生产要素参与分配的相关制度仍不完善。比如，劳动力产权缺乏相应的制度安排，影响了劳动报酬在初次分配中的比重。因此，在推进要素市场化改革的过程中，要更加注重各类生产要素的公平分配，健全劳动、资本、土地、知识、技术、管理、数据等生产要素由市场评价贡献、按贡献决定报酬的机制。这对于鼓励青年人创新创业、激发各方积极性、增强经济活力有着重要意义。

（三）以城乡居民基本公共服务均等化为重点进行再分配

重点是充分发挥税收的收入调节作用，并以基本公共服务均等化保障不同群体的权利公平、机会公平，重点是解决 2.8 亿农民工融入城镇的问题。到 2035 年基本实现社会主义现代化，加快基本公共服务均等化进程，需要进一步完善相关的制度安排。

（四）以社会为主体的三次分配在共同富裕中扮演重要角色

三次分配的核心，是调动社会参与实现共同富裕的积极性。为此，要形成有效的激励制度安排。例如，税收制度安排上，对第三次分配的主体如各类社会机构和社会组织，作出相关激励性的制度安排，以鼓励市场主体、社会组织和个人有效地参与民间捐赠、慈善事业、志愿行动，既充分体现"先富帮后富"，又有利于弘扬社会公平正义的价值观。

李 实　浙江大学公共管理学院教授

进一步完善收入分配制度，
实现共同富裕

党的十九届五中全会对我国国情的现状作了一个基本判断，即经济社会发展的韧性强劲，继续发展有多方面的优势和条件。同时，我国发展不平衡不充分的问题仍然突出；重点领域、关键环节的改革任务仍然艰巨；创新能力不适应高质量发展要求；农业基础还不稳固；城乡区域发展和收入分配差距较大；生态环保任重道远；民生保障存在短板；社会治理还有弱项。全会提出了到2035年基本实现社会主义现代化远景目标，这个远景目标其中之一是关于人均国内生产总值要达到中等发达国家水平，中等收入群体显著扩大，基本公共服务实现均等化，城乡区域发展差距和居民生活水平差距显著缩小。同时，全会提出了"十四五"时期我国经济社会发展主要目标之一：民生福祉达到新水平，实现更充分更高质量就业，居民收入增长和经济增长基本同步，分配结构明显改善，基本公共服务均等化水平明显提高，全民受教育程度不断提升，多层次社会保障体系更加健全，卫生健康体系更加完善，脱贫攻坚成果巩固拓展，乡村振兴战略全面推进。这是在全会公报当中专门涉及我国的收入分配制度、基本公共服务以及共同富裕的相关内容。结合这些内容谈以下三个问题。

第一个问题是我们要认识到缩小收入差距的任务仍然非常艰巨。过去40年中有30年我国的收入差距是在不断地扩大。2008年，我国的收入差距达到最高点，基尼系数达到了0.491。虽然从2008年以后，收入差距基尼系数有所下降，但是下降的幅度并不很大。2008—2015年，基尼系数下降不到3个百分点，而且从2016年开始，收入差距有所反弹、有所回升。这种情况我们称为"收入差距的高位波动状态"，在不同年份可能会有一些微小的波动，但是总的趋势是处在高水平上。对2013—2018年中国收入差距进行测量发现，在这五年中，我国收入差距基尼系数基本上处在一个稳定的状态。另外，2008—2015年我国收入差距略有缩小，主要是来自城乡之间收入差距缩小。对全国收入差距进行分解分析会发现中国整体收入差距缩小主要来自城乡之间，而在城市内部、农村内部收入差距不仅没有缩小，而且仍然在扩大。从这个意义上说，未来收入差距变化可能还是要取决于城乡之间的收入差距变化，因此未来城乡之间收入差距能否进一步缩小，并且能否带动全国收入差距缩小，是一个非常关键的问题。

相关数据表明，2008—2015年，我国农民的收入增长比城市居民的收入增长高出3—4个百分点，然而从2015年开始城乡居民收入增长的差别在逐渐缩小。在这种情况下，城乡之间的收入差距如果不能出现明显缩小，那么对于全国收入差距的影响主要是城市内部和农村内部收入差距变化。这也说明了为什么从2016年全国收入差距有所反弹，主要是城乡之间居民收入差距没有出现较大幅度的缩小。

利用最近调查数据对工资差距变化做一些分析可知，2013—2018年，从城镇内部工资差距的基尼系数来看，工资差距仍然在扩大，基尼系数由原来的 0.34 上升到 0.37 左右，泰尔指数也在进一步上升。同时我们分析了不同的人群工资差距的变化，包括性别之间的工资差距、不同文化程度人群的工资差距、不同所有制之间的工资差距、不同行业之间的工资差距、不同职业之间的工资差距，都显示出工资差距在进一步扩大；地区之间的工资差距有所缩小，中西部之间工资差距、不同省份之间的工资差距有所缩小。工资差距进一步扩大也导致了居民收入差距扩大。

我们测量的收入差距是依赖于调查数据，如果调查数据有偏差，测量出来的收入差距和实际的收入差距就会有很大的差别。从 2000 年以后各类调查数据都存在不同程度的样本偏差，这很可能会导致我们估计出来的收入差距要小于实际的收入差距。对此，我们也做了相关的分析，初步的分析结果显示收入差距的低估问题有不同程度的存在。所以，我们现在面对的居高不下的收入差距问题确实是一个比较严重的问题。

第二个问题是我们要努力抑制导致收入差距扩大的三个因素：一是财产分配差距的不断扩大，而且扩大的速度非常快，它会导致收入差距的扩大；二是个人收入流动性和代际收入流动性的下降；三是新技术进步带来的就业极化问题也会影响到收入分配。

第一，财产差距对收入差距的影响。近 20 年来中国居民开始财产积累，特别是公有住房改革以后，居民逐步开始积累自己的财产。我们应该看到，居民财产积累速度很快。调查数据显示，2002—2013

年，居民财产的年均实际增长率高达17%，远远高于居民的收入增长率。在居民财产中，房产价值的增长率达到20%，是一个非常高的增长速度；金融资产增长率约是13%；生产性资产增长率约是12%。更重要的是居民财产分配差距在急剧扩大，2002年，财产最少的10%人群的财产占全部居民财产比例约是1%，而最富的10%人群占有的全部居民财产份额是37%，也就是说两个人群之间的财产差距是37倍；但是到了2013年，最穷的10%人群占有的财产份额下降到0.3%，最富的10%人群占有的财产份额上升到48%，他们之间的财产差距远远大于37倍。我们可以进一步看到，除了最富的10%人群的财产份额有大幅度提高，其他90%人群的财产份额都有不同程度的下降。另外，居民财产差距的快速扩大可以从财产差距基尼系数的变化中看到。2002年，全国居民财产差距的基尼系数不到0.5，2013年超过了0.63，而且城市内部、农村内部财产分配的基尼系数都有大幅度提升。值得注意的是，这里估计的财产差距基尼系数也存在低估的问题，即使是低估，家庭财产差距的扩大仍然非常明显。

通过研究财产分配和收入分配之间的关系发现，2002年，财产差距和收入差距虽然具有相关性，但是相关性并不是很明显，到了2013年，相关性变得明显，相关程度在不断提高。收入越高的人群，他们的财产增长率就会越高，因为财产分配会影响到收入分配。同样，收入分配也会影响到财产分配，财产分配对收入分配的影响是通过财产性收入。有证据表明，在过去十几年中，居民的财产性收入增长很快。如2007年，居民的财产性收入占全部收入的比重只有2%，到2013年上升到8%，财产性收入对于居民收入分配基尼系数的影响超过了10%。从这个意义上来说，财产分配和收入分配是一个相互强化、相互影响、相互发生作用的关系。

第二，导致居民收入分配差距扩大的另一个因素是收入流动性，包括个人收入流动性、代际收入流动性。调查数据显示，在过去20年中，收入流动性在不断下降，这意味着收入阶层出现了更为严重的固化问题。很多人在刚开始进入劳动力市场时是低收入人群，过了10年甚至20年仍处于低收入人群的可能性在增加。同样，另外一部分一开始就是高收入人群，而且可能以后一直都是高收入人群，这样会给整个社会带来负面的影响。

研究还发现，21世纪第一个10年和第二个10年相比，代际收入流动性也在明显下降，就是所谓的"拼爹"现象越来越多，父辈收入对子辈收入的影响越来越明显，这些情况对于我们整体收入分配改善都会带来不利的影响。

第三，新技术进步、新兴产业带来人力资本高回报，同时就业极化和工资差距的扩大也会产生不利的影响。受教育程度变化和受教育程度人群之间工作差距变化值得特别关注。相关的分析结果显示，学历越高的人群工资增长越快，导致了工资差距的扩大，比如，城镇职工工资差距的基尼系数1988年是0.27，到2018年上升到0.4。进一步研究在解释工资差距方面到底哪些因素比较重要，学历、工作经验、不同的地区虚拟变量都是解释变量。在这种分析中，学历本身对于工资差距的解释力度在不断上升，从1988年的2%上升到2018年的18%。而工作经验的贡献则是不断下降的，在20世纪80年代它很重要，对工资的影响远远大于学历；但是工作经验影响力在不断下降，到了2018年该影响为负。也就是说，很多年长或者工作时间长的人与年轻人或工作时间短的人相比，他们的工资更低。另外，一个值得欣慰的结果是，不同省份工资收入差距的重要性在不断下降，它在 1995 年曾经达到最高点，工资差距大约有 20% 是由省份变量解释的，到现在已经不到 3%。这里需要强调学历本身的重要性，学历和教育参与率不断地上升，背后来自新兴产业和新技术的影响。在不断实现技术创新、不断出现新兴产业的情况下，社会对人力资本有很大的需求，从而提高了这些高技术行业的工资水平，在一定程度上会拉大收入差距。对此，我们还没有有效的措施来抑制由此带来的收入差距的扩大。

第三个问题是如何进一步扩大中等收入群体。过去解决收入分配问题、缩小收入差距的手段，第一是"提低"，即提高低收入人群的工资和收入水平；第二是"扩中"，即扩大中等收入群体；第三是"调高"，即调节高收入人群的收入。现在看来，扩大中等收入群体对于缩小收入差距变得越来越重要。在 20 世纪 90 年代中期，按照现行贫困标准，全国大概有超过 60% 的人口处在贫困状态，到 2018 年下降到不足 3%。低收入人群随着贫困人口不断减少而增加，在 20 世纪 90 年代中期，低收入人群占总人口比例为 36%，2018 年上升到 65%，这部分人群很大一部分是从贫困人群转化过来的。中等收入人群占总人口的比重也是在不断上升。根据测算，2018 年，中等收入人群占总人口的比重接近 30%，即全国大概有 4 亿中等收入人群。高收入人群占总人口的比重有所上升，目前约为 3%，即 4000 多万。

扩大中等收入群体规模需要关注低收入人群，因为他们是未来的潜在中等收入群体，而且他们需要尽快提高收入，进入中等人群行列。通过把低收入人群的不同收入分布情况进行测算，根据月收入进行分组，测算结果表明，全国约有 1 亿人月收入低于 500 元，包括农村和城镇的贫困人口；约有3亿人月收入低于1000元；约有7.1亿人月收入低于2000元。所以，扩大中等收入群体在很大程度上取决于如何让低收入人群的收入尽快增长，达到中等收入水平，成为中等收入人群。目前，扩大中等收入群体规模确实面临一个很大的挑战。

党的十九届五中全会专门提出实现基本公共服务均等化的目标。首先是人力资本投资均等化，包括教育和医疗资源分配的均等化。其次是改革公共财政制度，减少政府非民生支出，增加民生支出，特别是公共支出带来的再分配效应，对于调节收入分配作用是非常有限的。最后是深化要素市场改革，特别是资本市场、劳动力市场、土地市场改革。劳动力市场一体化改革需要重点突破，就业机会均等化、农民工市民化都是改革的主要内容。相信经过全社会的共同努力，我们能够在不久的将来，建立起更加合理、公平的分配机制，实现共同富裕。

张连起 第十三届全国政协常委,中国税务学会副会长

准确把握"渐进共富"的实现路径

习近平总书记指出:"实现共同富裕不仅是经济问题,而且是关系党的执政基础的重大政治问题。"深刻把握中国式现代化新道路、人类文明新形态,围绕缩小收入差距、城乡差距、区域差距精准发力是赢得民心、凝聚共识的关键举措。2021年8月,中央财经委员会第十次会议研究扎实促进共同富裕等问题,作出循序渐进分阶段促进共同富裕的新部署。

提到共同富裕,应注意几个逻辑:一是共同富裕并非同等富裕、同步富裕,更不是"劫富济贫",而是缩小贫富差距、扩大中产阶层比重和范围的"差序富裕";二是政府分配(再分配)并非通过平衡效率求取公平,而是建立更加公平普惠的公共资源分配制度,降低交易成本,促进经济效率,瞄准2035年达到美国人均GDP1/3、2049年人均GDP达到美国1/2的目标,中国经济不能不保持较高增速;三是

当前对资本无序扩张、平台经济、教育培训、信息安全等领域的监管治理，绝不是"对民企、私企、富人开刀"，而是从"规范市场秩序、构建新发展格局、推动高质量发展"的战略高度出发的施策，是实现"机会公平、权利公平、社会正义"的重要举措，是补短板、强弱项、堵漏洞的必要手段；四是在一些新的利益增长点上出现了资本和权力的结盟，不仅严重损害党和政府的形象，绑架权力、侵蚀资本，而且容易引发社会层面的信任与安定危机。

从税收结构看，我国的税收以间接税为主体，间接税比重大于直接税比重。直接税方面，个人所得税、财产税比重小；间接税方面，增值税比重大。发达经济体中个人所得税占税收总比重大部分在30%—40%，美国、德国、加拿大的个人所得税占比均在40%以上，我国个人所得税占比仅为7.5%。2020年，我国财产税收占总税收比重仅为8.7%。

若一个国家的间接税占比过高，则意味着普通家庭所承担的税收负担大，最终税收负担落在了普通家庭身上，这与"形成中间大、两头小的橄榄型分配结构"目标不相符。

值得关注的是，我国居民收入基尼系数长期处于0.46以上。基尼系数是衡量居民间收入差距的综合指标。一般认为，基尼系数小于0.2时，居民收入过于平均，在0.2—0.3时较为平均，在0.3—0.4时比较合理，在0.4—0.5时差距过大，而大于0.5时则差距悬殊。

有官方统计以来，全国居民收入基尼系数走势大体可以分为三个阶段：2003—2008年的上升阶段，从0.479升至0.491；2009—2015年的下降阶段，降至0.462；2016年以来的回升阶段，2018年升至0.468。

初次分配主要由市场机制形成，多劳多得，同时也要健全生产要素由市场评价贡献、按贡献决定报酬的机制；再分配主要由政府调节机制起作用；三次分配则鼓励社会力量自愿投入民间捐赠、慈善事业等。应系统谋划并阐述初次分配（市场分配）为主、再分配（政府分配）为辅、三次分配（道德分配）为补充的新分配格局。

在"调高、扩中、提低"上出实招硬招。加强对高收入者的税收调节和监管。应对某些领域普遍采用"阴阳合同"获取过高收入和非法收入等行为，开展倒查偷逃税专项行动。加快《反垄断法》修订，防止平台公司利用垄断优势获得高利润和高收入，维护市场正当合理竞争。实施扩大中等收入群体行动计划，以高校和职业院校毕业生、技能型劳动者、农民工等为重点，提高高校、职业院校毕业生的就业匹配度和劳动参与率，提高技能型人才的待遇水平和社会地位。实施高素质农民培育计划，运用农业农村资源和现代经营方式增加收入。完善最低工资标准和工资指导线形成机制。探索通过土地等要素使用权、收益权增加中低收入群体要素收入。更加注重向农村、基层、欠发达地区倾斜，向困难民众倾斜。

对税收制度作出体系性优化安排。具体方向是：在征税结构上，从间接税为主向直接税过渡，主要征税对象为财产所得者、资产所有者、大型企业及高收入群体，降低普通家庭的税收负担；在税收使用上，减少对大型企业和国企的财政补贴，加大对普通家庭的保障性支出，加大对中等收入群体的个人所得税综合抵扣比例，如生育、教育、租房、养老类抵扣。对市场主体的慈善救助作出恰当的税收抵免。以逐步完善的再分配制度，托举三次分配。

稳妥推进房地产税的立法与试点。房地产税的精准化改革，有利于最大化收入分配效应。但房地产税的征收牵扯的利益深远，关系到地方财政、房地产风险、现有相关税种归并、中产阶层公平等问题。因此，宜在上海、重庆试点的基础上扩大符合"渐进共富"理念的试点。

对遗产税的立法与征收要周严审慎。遗产税的征收有利于社会正确价值观、财富观的形成，但在一定程度上也会对吸引投资和人才产生负面影响。一些开征遗产税的国家和地区相继停征。对此，应审慎把握遗产税与发展阶段的关系。

扩大奢侈品消费税的征收范围和税率。现行奢侈品消费税税基过窄、税率偏低，除了在生产（进口）环节征收，某些项目也要在零售环节加征。同时，将高端服务型消费纳入奢侈品消费税征收范围。消费税的增量部分划归地方财政。

在财政转移性支出上，适当增加社会保障部分占比。提高各种社会保险制度的保障水平和覆盖率。锚定补齐医疗和养老保障短板，精准扶助重点人群，有针对性地解决群众"急难愁盼"问题。

刘元春　中国人民大学副校长、教授

在高质量发展中扎实推进
共同富裕示范区建设

共同富裕是社会主义的本质要求，是人民群众的共同盼望。2021年5月，《中共中央、国务院关于支持浙江高质量发展建设共同富裕示范区的意见》发布，这充分体现了党中央对支持浙江解决发展不平衡不充分问题的坚定决心，充分体现了党中央稳步推进全体人民共同富裕的战略部署。

高质量发展是共同富裕的基础和路径

经过新中国成立以来特别是改革开放40多年的不懈奋斗，我国国力和人民生活水平跃上了新的台阶。2020年，我国国内生产总值超过100万亿元，人均国内生产总值72447元，超过了1万美元，人均预期寿命达到77.3岁。现行标准下，9899万农村贫困人口全部脱贫，完成了消除绝对贫困的艰巨任务，这在我国社会主义现代化建设进程中具有里程碑意义，为我国开启全面建设社会主义现代化国家新征程，向第二个百年奋斗目标进军奠定了坚实基础。

但我们必须清醒地认识到，我国发展不平衡不充分问题仍然突出，我国还是发展中国家，"十四五"乃至更长一段时期，高质量发展仍是我国经济社会发展的主题。

浙江省2020年生产总值为6.46万亿元，人均生产总值超过10万元，居民人均可支配收入5.24万元，位于全国前列，这是浙江开展共同富裕示范区建设的客观基础。浙江共同富裕示范区建设，正是践行"根据现有条件把能做的事情尽量做起来"，探索在高质量发展中实现共同富裕的方法和路径。高质量发展是实现共同富裕的前提基础和必然路径，通过高质量发展持续不断"做大蛋糕"，厚植共同富裕的基础才有可能实现共同富裕。

践行以人民为中心的发展思想

推进共同富裕是坚持发展为了人民的具体体现，要始终把人民对美好生活的向往作为共同富裕示范区建设的奋斗目标，瞄准人民群众所忧所急所盼，在更高水平上实现幼有所育、学有所教、劳有所得、病有所医、老有所养、住有所居、弱有所扶。以"一老一小"两个群体为重点，以义务教育和医疗服务为抓手，建立和完善全生命周期的均等、高效和专业的优质公共服务体系。通过制度设计与政策支持，降低生育、教育、医疗和居住成本，提高弱势群体的获得感、幸福感、安全感和认同感。

建设共同富裕示范区，归根到底要依靠人民。通过建立健全体制机制，充分调动广大人民群众积极参与示范区建设，充分发挥人民群众的主体作用，充分激发人民群众的潜力和创造力，共建共富，一起做大共同富裕的"蛋糕"。

第一，建立健全鼓励劳动者通过诚实劳动、辛勤劳动、创新创业实现增收致富的政策体系，激发劳动者勤劳致富潜力，弘扬勤劳致富精神。

第二，进一步深化户籍制度改革，建立健全城乡统一、规范的劳动力市场，充分发挥市场配置劳动力资源的决定作用，畅通劳动力流通渠道，以达到劳动力要素的最优配置。

第三，通过立法和制度建设规范劳动力市场行为，减少乃至消除性别、年龄、户籍、地域等劳动力市场歧视，创造公平的就业环境，实现同工同酬。

要自觉主动解决地区差距、城乡差距、收入差距等问题，践行发展成果由人民共享的理念。我国既面临城乡收入差距较大、劳动报酬在初次分配中占比较低等老问题，又面临技术进步和人口老龄化可能带来的对收入分配的新挑战。浙江在建设共同富裕示范区时，应该积极发挥"收入分配制度改革试验区"的作用，在"做大蛋糕"的同时"分好蛋糕"。

第一，健全工资合理增长机制，提高劳动报酬在初次分配中的比重。完善按要素参与分配的政策制度，健全各类生产要素由市场决定报酬的机制。

第二，强化税收对收入分配的调节作用。进一步完善个人所得税制度，扩大综合征收范围。在现行个人所得税专项附加扣除制度的基础上，根据教育、医疗、住房、养老等民生支出变化情况，适时调整专项附加扣除范围和标准。

第三，发挥社会保障收入再分配效应。健全覆盖全民、统筹城乡、公平统一、可持续的多层次社会保障制度建设。推进社保转移接续，健全基本养老、基本医疗保险筹资和待遇调整机制。推动社会保障制度的改革向纵深发展，促进社会保障体系由广覆盖向全覆盖转变。同时，遵循激励相容的原则，改革和完善现行的最低收入保障制度和社会救助制度。

数字经济是当今时代正在发生的重要变革，对社会经济发展的诸多方面正在产生深远的影响。浙江是我国创新活动的重要区域，是数字经济比较发达的省份，要在建立数字经济时代下的收入分配机制，弥合"数字鸿沟"，完善平台企业就业者的劳动保护机制等方面积极探索。

实现人的全面发展，促进共同富裕的可持续性

社会经济的发展，归根结底是人的发展。共同富裕是全面富裕，是物质财富和精神财富的共同富裕，是人的全面发展。全面发展的人也是共同富裕可持续的重要保证。

浙江共同富裕示范区建设，一方面，要注重人力资本的投入，通过教育、培训等促进人民群众人力资本和劳动技能提升，形成劳动生产率提升与收入增长的良性循环，促进人民收入和财富不断增长；另一方面，要坚持以社会主义核心价值观为引领，加强对制度、民族、文化和传统的认同，不断实现精神的富裕。公平正义不仅是社会责任，也是个人责任。只有公平正义的观念深入人心，才可能真正实现共同富裕。

人的全面发展，离不开对下一代的关心和爱护。为来自不同经济社会背景家庭的孩子创造公平的成长环境，使孩子们享受更加普惠均等可及的基本公共服务，拥有健康成长的公平机会，是促进人的全面发展的重要环节。机会公平的制度体系建设与完善不仅关乎公平，也关乎效率，对于有效增加代际流动，提升共同富裕可持续性十分关键。

扩大中等收入群体，实现高质量发展和高水平生活的良性循环

经过几十年的改革开放，尤其是经过脱贫攻坚的伟大斗争，我国农村贫困人口全部脱贫，全面建成了小康社会。但是目前距离"橄榄型社会"还有一定差距，主要体现在中等收入群体规模过小，而中低收入群体比重过大、收入水平过低。

中等收入群体在促进消费、拉动内需方面扮演了重要角色，因为中等收入者既有消费意愿，又有消费能力。当代社会，中等收入群体通过消费为全球经济增长作出了重要贡献；中等收入群体不仅通过追求更多样化和高质量的消费，对消费增长产生直接效应，而且进一步推动消费升级，促进消费结构不断优化。

中等收入群体是实现高质量发展和高水平生活良性循环的关键群体，扩大中等收入群体有利于构建以国内大循环为主体、国内国际双循环相互促进的新发展格局。

浙江扎实推进共同富裕示范区建设，可率先在优化收入分配格局上取得进一步进展，以城乡居民收入普遍增长支撑内需持续扩大，为经济发展注入强大动力源泉，实现高质量发展和高水平生活的良性循环。共同富裕示范区建设的一个重要目标就是进一步扩大浙江的中等收入群体规模，为其他地区积累宝贵经验。

应激发技能人才、科研人员、小微创业者、高素质农民等重点群体活力。充分利用浙江数字经济和网络平台发达的优势，加快线上线下消费双向深度融合，加快形成生产和消费的良性循环。同时，浙江是我国农民工的主要输入地之一，在扩大中等收入群体时，应对农民工群体给予高度关注，不断健全农业转移人口市民化的长效机制。

曾　铮　国家发展和改革委员会市场所主任、研究员

市场有效　政府有为
扎实推进共同富裕

习近平总书记在主持召开中央财经委员会第十次会议时强调，"共同富裕是社会主义的本质要求，是中国式现代化的重要特征，要坚持以人民为中心的发展思想，在高质量发展中促进共同富裕"。共同富裕是一个动态的长期发展过程，需要一系列政策和一揽子举措来促进形成和加以实现。在这个过程中，要协同和统筹好政府功能和市场机制，实现市场有效、政府有为，推进高质量发展，为共同富裕创造良好条件、奠定坚实基础。

把握好政府与市场的关系

实现共同富裕，需要科学谋划、稳步推进、久久为功，关键要把握和处理好政府功能与市场机制的关系。

首先，从权衡共同和富裕的角度认识统筹政府功能与市场机制的

关系。共同富裕本身含有生产力和生产关系的双重意蕴,"共同"隐含着生产关系,而"富裕"则隐含着生产力。一方面,要充分发挥市场机制的优势,优化资源配置,持续促进生产力发展,奠定共同富裕的物质基础;另一方面,更好发挥政府的调节功能,不断健全生产关系,为促进共同富裕提供重要制度和政策保障。

其次,从协调公平和效率的角度认识统筹政府功能与市场机制的关系。公平和效率关系的权衡在不同阶段具有不同特征,在经济发展的初级阶段,为了能够提高总产出以满足人民基本需求,在维护公平的基础上更加重视效率。随着经济的深入发展和物质财富的不断积累,公平和效率的均衡度逐步提升。党的十四届三中全会提出"效率优先、兼顾公平"的收入分配政策,党的十六大提出"初次分配注重效率""再分配注重公平",党的十七大提出"初次分配和再分配都要处理好效率和公平的关系,再分配更加注重公平",党的十八大提出"初次分配和再分配都要兼顾效率和公平,再分配更加注重公平",党的十九大提出"努力实现更高质量、更有效率、更加公平、更可持续的发展"。可以看出,我国经济发展已经从"效率优先,兼顾公平"转向"有效统筹效率和公平",目的是让发展成果更多更公平惠及全体人民。

最后,从规避外部性和失灵的角度认识统筹政府功能与市场机制的关系。在共同富裕过程中,市场主导的高效生产是提高财富水平、拓展收入的来源,市场作用决定了收入分配的结构性特征。因此,实现共同富裕要鼓励勤劳创新致富,坚持在发展中保障和改善民生。然而,市场往往存在不完全竞争、信息不对称、主体要素禀赋差异、外部性等缺陷,导致在收入分配过程中存在市场失灵现象,政府要通过营造公平市场环境、矫正要素配置失衡、实施二次三次分配调节、提供相关公共物品等政策手段来予以弥补。总之，必须有效完善市场机制、更好发挥政府功能，推动形成高质量、均衡、可持续的共同富裕。

进一步优化市场机制的作用

市场在共同富裕中的作用主要体现在初次分配领域，发挥着提高发展质量效益和夯实共同富裕物质基础的作用，为共同富裕提供基础保障。

完善市场机制，提高满足人民高品质生活的供给能力和效率。解决发展不充分的问题，需要通过加快发展生产力来实现，市场机制能够发挥促进生产力发展的基本作用。为此，要在坚持基本经济制度的基础上，深入实施科教兴国战略、人才强国战略、创新驱动发展战略，完善国家创新体系，深入推进制造强国、质量强国建设，增强数字化对产品质量提升和体验优化的赋能作用，满足人民产品消费升级的迫切需求；持续繁荣服务业市场，扩大服务业对内对外开放，鼓励社会力量扩大多元化多层次服务供给，推进数字化智能化改造和跨界融合，提高服务效率和服务品质；坚持保护生态环境就是保护生产力、改善生态环境就是发展生产力，加快完善政府主导、企业和社会各界参与、市场化运作、可持续的生态产品价值实现路径，不断满足人民对生态产品的更高需求。

完善市场机制，尽快健全生产要素由市场评价贡献、按贡献决定报酬的机制，切实提高劳动报酬在初次分配中的比重，构建有利于完善初次分配的要素市场化机制，为实现共同富裕创造基础条件。一是推动经营性土地要素市场化配置，健全农村集体产权制度，深化土地管理制度改革，完善建设用地市场体系，开展土地指标跨区域交易试点，有效弥合我国区域差距。二是推动劳动力要素有序流动，深化户籍制度改革，保障劳动者同工同酬，不断缩小城乡差距和收入差距。三是促进资本市场健康发展，稳步推进股票发行注册制改革，建立常态化退市机制，多渠道增加居民财产性收入。四是加快发展知识和技术市场，健全职务科技成果产权制度，促进技术要素与资本要素融合发展，不断健全科技人才按贡献分配的合理机制。五是积极培育数据要素市场，推进政府数据开放共享，提升社会数据资源价值，加强数据资源整合和安全保护，不断提升数据要素在初次分配中的功能地位。

完善市场机制，形成各类主体平等对待和公平竞争的市场环境。市场竞争不公平是加剧收入分配不公的重要原因，必须实现各类市场主体平等准入、公正监管、诚信守法。坚持两个"毫不动摇"，全面落实支持民营企业发展的政策，深化国有企业混合所有制改革，完善国有企业市场化薪酬分配机制，保证各种所有制经济依法平等使用生产要素；全面完善产权保护制度，加强和改进反垄断与反不正当竞争执法，破除区域分割和地方保护，推动规则等制度型开放，推进保障各类市场主体公平参与市场竞争；进一步完善市场主体司法保护机制，加强产权司法保护，维护社会诚信与市场秩序，使各类市场主体同等受到法律保护。

更好发挥政府作用

有效发挥政府弥补市场失灵的作用，在再分配甚至三次分配领域强化政府调节和引导，为实现共同富裕提供重要制度保障。

完善再分配机制。充分发挥政府在共同富裕中的兜底作用，加大再分配政策的调节力度和精准性。集中更多财力用于保障和改善民生，适当提高中央企业国有资本收益提取比例，加大对教育、就业、社会保障、医疗卫生、保障性住房、乡村振兴等方面的支出；优化税收调节机制，进一步完善综合与分类相结合的个人所得税制度，积极稳妥推进房地产税立法和改革，扩大资源税征收范围和提高资源税税负水平；有效增加保障性住房供给，扩大保障性租赁住房供给，因地制宜发展共有产权住房，完善住房保障基础性制度和支持政策；推进基本公共教育均等化，合理配置教育资源，重点向农村、边远、贫困、民族地区倾斜，推动义务教育优质均衡发展和城乡一体化；改革完善社会保险制度，优化社会救助和慈善制度，健全退役军人工作体系和保障制度，加快健全覆盖全民、统筹城乡、公平统一、可持续的多层次社会保障体系。

推进区域协调发展。区域差距是制约共同富裕的主要因素之一，深入实施区域协调发展战略，就是为实现共同富裕提供重要条件。深入推进西部大开发、东北全面振兴、中部地区崛起、东部率先发展，实现区域之间相互促进、共同发展；以缩小城乡发展差距和居民生活水平差距为目标，持续巩固拓展脱贫攻坚成果，促进城乡要素自由流动、平等交换和公共资源合理配置，促进农民收入持续增长，加快形成工农互促、城乡互补、全面融合、共同繁荣的新型工农城乡关系，实现城乡融合发展；建立健全区域战略统筹、市场一体化发展、区域合作互助、区际利益补偿等机制，提升区域合作的层次和水平，完善财政转移支付支持欠发达地区的机制，优化区域合作与利益调节机制，加大对民族地区发展支持力度。

调节行业间收入分配。从抑资本、管行业、调税收等方面对重点领域和重点行业进行管理，避免行业收入分配差距拉大妨碍国民收入分配的优化。一要从金融体系监管和行业经营者集中反垄断等方面，重点防止数字经济领域和平台经济领域的资本无序扩张，推进行业反垄断，避免寡头经济对行业收入分配造成的负面影响。二要强化重点行业管理，加强对不合理的资金进入金融和房地产领域的行为监管，推动金融、房地产等行业同实体经济均衡发展。三要注重行业税收调节，适当调高部分奢侈消费品和专营产品的税率，逐步降低实体经济和中小微企业税收负担。四要建立健全促进农业收入较快增长的长效机制，健全农业补贴制度，增加农民家庭经营收入，合理分享土地增值收益，有序推进农业转移人口市民化，健全城乡融合发展体制机制，实现巩固拓展脱贫攻坚成果同乡村振兴有效衔接。

优化收入分配秩序。发挥好政府的监督和矫正功能，在确保良好收入分配秩序中实现共同富裕。一是维护劳动者合法权益。健全工资支付保障机制，落实清偿欠薪的属地政府负责制度，完善劳动争议处理机制。二是健全国有资本收益分享机制，完善国有资本收益上缴公共财政制度，健全机关事业单位工资收入分配制度，完善机关和国有企事业单位发票管理和财务报销制度。三是建立完善个人收入和财产信息系统，不断健全社会信用体系和收入信息监测系统，支持健全现代支付和收入监测体系。四是推动落实依法保护合法收入，合理调节过高收入，规范隐性收入，取缔非法收入。

贾　康　第十一、十二届全国政协委员，华夏新供给经济学研究院院长，中国财政科学研究院研究员，财政部财政科学研究所原所长

三次分配：以慈善公益之手助力共同富裕

中央财经委员会第十次会议在研究扎实促进共同富裕问题时，提出"构建初次分配、再分配、三次分配协调配套的基础性制度安排"，用意很深。

党中央首次明确以三次分配为收入分配制度体系的重要组成，是在2019年党的十九届四中全会。全会通过的《中共中央关于坚持和完善中国特色社会主义制度、推进国家治理体系和治理能力现代化若干重大问题的决定》指出，"重视发挥第三次分配作用，发展慈善等社会公益事业"，确立慈善等公益事业在我国经济和社会发展中的重要地位。这是继2016年《中华人民共和国慈善法》颁布实施后，进一步释放出新时代党和国家大力发展公益慈善事业、对收入分配格局进行调整的重大信号，成为建设更有优势的分配制度、开创中国特色

公益慈善道路、走向社会主义共同富裕的战略指引。

此次会议提出"协调配套的基础性制度安排",则表明三次分配已进入实际操作阶段。

一、三次分配是新时代国家治理的重大命题

在我国国民收入分配过程中,先后有三次分配。

——初次分配,是市场机制主导的,生产经营成果按照要素分配在劳动收入、资本利润、地租、科技成果收入等形式上,要注重激励、"做大蛋糕"。

——再分配,主要解决"分好蛋糕"的问题,政府主导特点非常明显,如征收个人所得税、企业所得税等,更多地体现政府和企业、政府和居民关系的调整。财政分配其实是非常重要的政府介入国民收入分配的方式,特别是转移支付和直接税。

——三次分配,一般认为就是指公益慈善机构和志愿者组织来主导,按自愿原则的第三次分配,主要表现为以伦理道德为驱动力、自治和多样性为特征的进一步均平化的调整,其中,政府适当地引导和扶助。

三次分配所指的公益慈善古已有之,中外皆有。中国传统基层治理中有学田、义仓等,民间自发的助学等,都属于公益、慈善。随着经济社会的发展、文明的进步,三次分配在调减贫富差距、促进共同富裕方面的作用,总体呈上升趋势。随着老百姓实现温饱和全面小康,越来越多的中等收入群体和富足人士产生,越来越多的人看重公益慈善,并参与实践。三次分配是社会主体自主自愿参与的财富流动,对困难人群有着重要的救济功能,因此,对共同富裕有积极而重要的作

用。共同富裕是社会主义的本质，因此在中国推进现代化的过程中，三次分配是新时代国家治理的重大命题。

二、制度安排有助于促进三次分配

中央明确提出"构建初次分配、再分配、三次分配协调配套的基础性制度安排"。比如，遗产税虽然属于再分配的范畴，但是会促使一些富裕人群作选择，是把钱捐出去建立公益性基金会，还是身后接受遗产税和赠与税的调节？政府在第三次分配能做什么，遗产税就是一个很典型的例子，通过税收调节，促成自愿三次分配。

随着经济社会发展和文明进步，统计发现，近年来我国中等收入群体在各类基金会中的捐赠占比也在不断提高，呈现出日益增长的公益热情和慈善文明。同时，慈善公益事业发展中也面临一些问题和挑战。比如，作秀式，曝光太多，不考虑受捐助者个人尊严。还有一些抱有强烈的商业性动机。此外，公益捐助以后，个人所得税优惠条款的手续也比较复杂。

这一方面说明我国慈善事业发展的巨大空间，另一方面也促使我们加快制度建设，重视相关落地制度的配套，建立起符合我国国情并更有优势的慈善事业发展制度，确保三次分配的导向更能与促进国家发展、提升人民福祉的需要同行。

三、三次分配有益于社会主义财富伦理观

分配本身都包含着价值取向。三次分配中，社会力量所从事的民间捐赠、慈善事业、志愿服务等方式，对促进公正、追求进步都有积极作用。从心理角度说，三次分配中不仅受赠方的获得感、幸福感和

安全感增加，捐助者的成就感、意义感也在增加，就是中国老百姓常说的"赠人玫瑰，手有余香""滴水之恩，涌泉相报"等，这些都体现了正能量，弘扬了社会主义核心价值观。

"共同富裕"是社会主义的本质，"共享"是新发展理念之一。三次分配彰显了这种发展理念，体现了社会主义价值追求。在道德、文化、习惯等影响下，社会力量自愿通过民间捐赠、慈善事业、志愿行动等方式济困扶弱的行为，对再分配进行有益补充的同时，分配价值取向也得到了很好的传递。

从更深层次说，建设社会主义市场经济体制，实现社会公平、促进共同富裕，需要相应的财富伦理观支撑。发扬中华民族仁爱的传统美德，让慈善成为一种社会潮流，在奉献中获得精神升华，对慈善事业长期发展起到价值支撑作用。因此，三次分配虽然是经济话题，但与文化、社会建设密不可分，这既是三次分配能够迅速发展的关键，也会因三次分配的健康发展而不断进步。

胡乐明 中国社会科学院习近平新时代中国特色社会主义思想研究中心研究员、中国社会科学院经济研究所副所长

构建和谐劳动关系
扎实推动共同富裕①

共同富裕是社会主义的本质要求,是中国式现代化的重要特征。党的十九届五中全会明确提出,到2035年我国要基本实现社会主义现代化,全体人民共同富裕取得更为明显的实质性进展。劳动关系是现代社会的基本经济关系。扎实推动共同富裕,必须促进劳动、资本等生产要素共享企业发展,完善政府、工会、企业共同参与的协商协调机制,更好发挥政府的调节作用,构建和谐劳动关系。

推动共同富裕要求构建和谐劳动关系

世界经济发展史表明,劳动关系是否和谐稳定是影响经济增长、财富积累和分配平等的重要因素。在当代中国,扎实推动共同富裕必

---

① 本文系国家社科基金重大项目〔20ZDA014〕阶段性成果。

须围绕劳动关系这一轴心，直面影响劳动关系和谐稳定的各种问题与挑战，着力构建和谐稳定的劳动关系。

进入新时代，伴随着经济社会的快速发展，我国劳动关系进一步完善，为实现共享发展和共同富裕提供了有利条件。但也应看到，新的历史条件下构建和谐劳动关系依然面临诸多挑战。总体而言，当前的劳动关系依然存在"资本强势、劳动弱势"的状况，劳动者权益保护有待加强；劳动参与率呈现持续下降态势，劳动力流动性大幅提高，企业用工需求不能得到稳定保障；新技术引领的新经济、新业态引发生产组织方式深刻调整，大量灵活的、非全时的、即时性的新型劳动关系代替了稳定的、全时的、固定性的传统劳动关系，灵活就业人员的劳动保障问题日益受到关注。

"做大蛋糕"与"分好蛋糕"皆需以和谐稳定的劳动关系为基础。因为，财富的生产过程亦是一个各类生产要素之间的合作过程，各类要素尤其是劳动与资本之间能否构建和谐稳定的合作关系，必然影响到各行为主体之间的合作效率。我国仍处于并将长期处于社会主义初级阶段，发展始终是党执政兴国的第一要务。只有构建起和谐稳定的劳动关系，才能充分释放劳动、资本等各类要素的发展潜力和合作潜能，促进共同建设、共同创造、共同奋斗，为扎实推动共同富裕奠定坚实物质基础。同时，财富的分配过程也是各经济主体之间的谈判过程，能否建立平等和谐的谈判关系必然影响各主体之间的协商效率和分配结果。我国实行的是社会主义市场经济，公平正义是财富分配的价值导向。只有构建起和谐稳定的劳动关系，才能真正实现劳动、资本等各类要素之间的平等协商、合理分配，为扎实推动共同富裕建立可靠的制度基础。

构建和谐劳动关系需促进各类要素共享企业发展

企业的生产过程也是各类生产要素合作获取经济剩余的过程。劳动关系不仅涉及劳动与资本双方，也涉及企业其他生产要素和利益相关方。因此，构建和谐劳动关系不仅需要实现"劳资两利"，也需要健全各类生产要素共享企业发展的体制机制。

第一，应确认、保护劳动力、数据等各类要素的产权，明确各类要素参与企业发展的行为边界。产权制度是社会主义市场经济的基石，确认、保护各类要素的产权是坚持社会主义基本经济制度的必然要求，也是促进各类要素共享企业发展、构建和谐劳动关系的前提条件。只有坚持平等保护、全面保护、依法保护各类要素产权，才能真正构建起各类要素平等合作、和谐稳定的经济关系。劳动产权是人类社会一切其他产权的基础。马克思认为，劳动是生产的真正灵魂。因此，劳动产权理应得到现代社会的高度确认与保护。

第二，应促进劳动者、资本方等各类要素所有者共享企业发展过程，打破资本方对企业经营管理权的垄断。在现代市场经济条件下，劳动者等各类要素所有者参与企业经营管理不仅是保障和提升其地位和利益的需要，而且是现代公司治理的客观要求。西方传统企业理论认为，资本雇佣劳动、控制企业经营是最有效率的制度安排。然而，现代公司理论与实践则表明，既然企业的生产过程和财富创造是各类要素共同参与的合作过程，而且劳动等各类要素也向企业投入了"专用性人力资本"等风险投资，那么企业经营管理权就理应由各类要素所有者分享，这更有利于激发各类要素的合作动力，提高合作效率。服从于构建和谐劳动关系和社会主义市场经济的价值追求，我们更应积极推动企业制度和公司治理变革，通过合理共享使各类要素积极参与企业发展。尤其是必须健全完善以职工代表大会为基本形式的企业民主管理制度，积极探索企业职工参与企业管理的有效方式，真正使企业做到"发展依靠职工"。

第三，应促进劳动者、资本方等各类要素所有者共享企业发展成果，打破资本所有者对企业剩余索取权的垄断。企业生产经营活动所获得的经济剩余是各类要素合作的结果，劳动者等各类要素所有者除了应获得与其生产贡献相对应的劳动报酬等收益之外，理应共享企业剩余、分享企业利润。尤其是应着重保护劳动所得，努力实现劳动报酬增长和劳动生产率提高同步，提高劳动报酬在企业收入分配中的份额，稳定提高劳动者收入水平，真正做到企业发展成果由企业职工共享。当然，各类要素共享企业发展既要落实"以劳动者为中心"的理念，又要兼顾其他要素所有者的权益，合理确定各类要素所有者的分享比例，实现各类要素权益分享的相对平衡。同时，各类要素共享企业发展也不应脱离企业发展水平和经济社会发展阶段，应本着"合作共赢、各得其利"的原则渐进提高，构建促进劳动关系和谐稳定的长效机制。

构建和谐劳动关系需更好发挥政府作用

市场经济条件下，片面强调市场调节和劳资双方的自主协商，必然会因劳方力量过于单薄而难以完全实现劳动关系的和谐稳定。构建和谐劳动关系，必须完善政府、工会、企业共同参与的协商协调机制，更好发挥政府作用。

立足经济社会发展全局和新发展阶段来调节劳动关系。生产与分配具有内在统一性。劳动关系既突出表现为分配问题，更与生产过程息息相关。我国劳动关系趋于总体改善的成功经验表明，发展中国家协调好劳动关系的根本在于发展。因此，调节劳动关系不能脱离和超越经济社会的发展阶段，必须做到与经济社会发展水平的同步协调。只有持续推进经济增长、不断培育新的增长点，实现国民经济各部门协调发展，才能有效保障就业，持续优化劳动力市场的供求结构，实现工资水平、劳动报酬份额的稳步提升与劳动关系的长久和谐。同时，只有持续推进产业升级，不断提高劳动生产率，才能保障劳动者报酬持续上涨，保证劳动者工资水平稳步提升，从而不断扩大内需，加速新发展格局的形成。

加强反垄断规制，防止资本无序扩张，维持公平有序的市场环境。处于垄断地位而没有适当约束的资本，不仅会压低其雇佣的劳动者的工资，也会对与其合作的小商户制定较为苛刻的合作条件，还会排斥其他资本的合理竞争，破坏市场秩序以及构建和谐劳动关系所需的社会环境。因此，构建和谐稳定的劳动关系，还应限制垄断，防止资本无序扩张，维持公平有序的市场竞争。具体而言，要构建公开透明的市场准入机制，鼓励平等竞争，在易于形成垄断的行业部门建立健全防范治理垄断和不正当竞争的监管体制。强化企业的社会责任意识，规范和引导行业协会和雇主组织建设，充分发挥行业协会和雇主组织在协调劳动关系方面的积极作用。保证人民平等参与、平等发展权利，完善市场供求机制、竞争机制和价格机制，防止因企业垄断行为和资本无序扩张导致分配秩序的混乱与劳动关系的扭曲。

适应新经济、新业态，拓展调节范围、创新调节手段。随着人工智能与现代产业的不断融合，处于生产一线的传统蓝领工人数量逐渐减少，服务于个性化设计、产品定制和营销推广等采用灵活就业模式的新增就业岗位的从业者持续增加。适应这一劳动关系的新变化,劳动关系的调节范围不应仅局限于存在劳动雇佣关系的资本与劳动者之间,"自我雇佣者"、个体劳动者与资本和企业之间的合作竞争关系也应纳入劳动关系的调节范围。同时,劳动权益保护的相关法律法规也需作出调整。适时出台新的劳动关系认定标准和方法,完善适应新就业形态的劳动合同、劳务管理和社会保障等制度。尤其应制定专门保护平台劳动者的法律,实现对平台劳动者的兜底保障,制定针对灵活就业人员的社会保险政策,设计与劳动关系脱钩的社会保险项目,加强对平台劳动者工伤、养老和医疗保险权益的保护;推进平台劳动者组建工会,通过工会服务及集体协商提高平台劳动者的劳动保护水平和劳动条件。

完善基本公共服务供给,推进农民工市民化。一般而言,跨区域就业的农民工往往处于不稳定的流动就业状态,这使农民工难以与企业形成长期、可靠的雇佣关系,自身也缺乏长期、稳定的职业规划,不利于劳动者的人力资本投资和素质提升,也降低了企业展开教育和培训等人力资源投资的积极性,不利于企业发展和产业升级。因此,必须使基本公共服务供给适应农村迁移劳动力的流动需要,完善面向农民工的教育、医疗、社会保障体系,增强农民工抵御失业、转岗就业的能力,化解农民工对特定企业的完全依赖。持续推进农民工市民化,使农民工的家庭生活支出从农村切实转向城市。

后 记

中国共产党带领中国人民实现了第一个百年奋斗目标，在中华大地上全面建成了小康社会，正向着全面建成社会主义现代化强国的第二个百年奋斗目标迈进。在这个伟大的历史进程中，促进全体人民共同富裕有着极为重大的现实意义。为深入理解中国共产党人的共同富裕思想与实践，深入学习贯彻习近平总书记《扎实推动共同富裕》的讲话精神，推动新时代新发展阶段关于共同富裕的研究与讨论，形成促进共同富裕的共识，应东方出版社之邀，我们组织编写了《共同富裕专家深度解读》这本书。

本书力图揭示中国共产党推动共同富裕的历史过程与现实背景，阐明新发展阶段促进共同富裕的科学内涵与目标任务，探讨促进共同富裕的总体思路与重大举措。本书分为总论篇、内涵篇、举措篇三部分，选取了学术理论界和政策研究机构有关领导、专家的文章26篇，以此展示关于共同富裕的理论探索与最新成果。

需要指出的是，本书所选取的主要是近两年发表的文章，特别是党的十九届五中全会之后、中央财经委员会第十次会议召开前后所发表的一系列理论探讨成果。由于部分文章同时涉及内涵、举措等多方面内容，而本书采取按主题分类的方式编写，因此部分文章仅能按照特定主题编入一篇之中。还有些领导和专家的文章也很有新意，但或者篇幅过长、过短，或与选入的多有重复，或因发表的时间较早，不少观点和数据显得陈旧，因而没有选入。

我们在编写本书的过程中，得到了许多作者的大力支持。但由于编写组能力有限，有一小部分选入的文章还在与作者联系。本书出版后，本书编写组将负责向每一位作者支付稿酬。中共中央党校（国家行政学院）马克思主义学院张占斌教授、黄锟教授、王海燕副教授、毕照卿博士等参加了编写工作，学习出版社李路副总编辑等提供了指导意见，在此一并致谢。

本书编写组
2021 年 10 月

图书在版编目（CIP）数据

共同富裕专家深度解读 / 张占斌主编 . —北京：东方出版社，2022.3
ISBN 978-7-5207-1793-9

Ⅰ . ①共⋯　Ⅱ . ①张⋯　Ⅲ . ①共同富裕—研究—中国　Ⅳ . ① F124.7

中国版本图书馆 CIP 数据核字（2021）第 228110 号

共同富裕专家深度解读
（GONGTONG FUYU ZHUANJIA SHENDU JIEDU）

主　　编：	张占斌
责任编辑：	胡孝文　杨润杰
责任校对：	谷轶波
出　　版：	东方出版社
发　　行：	人民东方出版传媒有限公司
地　　址：	北京市西城区北三环中路 6 号
邮　　编：	100120
印　　刷：	三河市龙大印装有限公司
版　　次：	2022 年 3 月第 1 版
印　　次：	2022 年 3 月北京第 1 次印刷
开　　本：	710 毫米 ×1000 毫米　1/16
印　　张：	17.25
字　　数：	210 千字
书　　号：	ISBN 978-7-5207-1793-9
定　　价：	68.00 元

发行电话：（010）85924663　85924644　85924641

版权所有，违者必究

如有印装质量问题，我社负责调换，请拨打电话：（010）85924725